幸福の科学《ハッピー・サイエンス》入門

真実への目覚め

AWAKENING TO THE TRUTH

大川隆法

RYUHO OKAWA

「神秘の力について」

▲ 2010.11.7 ブラジル正心館にて（サンパウロ市）

「常勝思考の力」

▲ 2010.11.9 ソロカバ支部にて（ソロカバ市）

◀ 2010.11.10
ジュンジャイ支部精舎にて
（ジュンジャイ市）

「幸福への道」

▼ 2010.11.12 ブラジル正心館にて
（サンパウロ市）

「真実への目覚め」

「愛と天使の働き」

▲ 2010.11.14
南米では最大規模のホールである
クレジカードホールにて（サンパウロ市）

まえがき

二〇一〇年十一月、万難《ばんなん》を排《はい》して、地球の裏側にあるブラジルまで飛び、約一週間で五回の説法を敢行《かんこう》した、不惜身命《ふしゃくしんみょう》の記録が本書である。

旅立つ直前、日本の幸福の科学総合本部で、万一の場合に備えて、教え残しがないよう、「遺言説法《ゆいごんせっぽう》」までして、現地には臨んだ。

旅の途中、アメリカ合衆国・ダラス空港で四時間ほどの給油トランジット時間があったので、空港前で緊急説法すると言い出して、秘書陣を困らせ、「ダラスには会員がいません。」と言われて、「なら、サソリでも集めて来い。」と言い放つほど心はたかぶっていた。

本書はブラジルの人たち対象の説法集ではあるが、広く外国人会員用の入門書ともなるよう企図《きと》して話したものである。それは、同じく、日本の人々への最良の「幸福の科学入門《ハッピー・サイエンス》」ともなると信じる。

二〇一一年　一月末

幸福《こうふく》の科学《かがく》グループ創始者兼総裁《そうししゃけんそうさい》　大川隆法《おおかわりゅうほう》

真実への目覚め　目次

まえがき　1

第1章　神秘の力について

第2章　常勝《じょうしょう》思考の力

第3章 幸福への道

第4章 真実への目覚め

第5章　愛と天使の働き

第6章　ブラジル人信者との対話

第1章

神秘の力について

［2010年11月7日　サンパウロ市・ブラジル正心館にて］

1　幸福の科学とキリスト教の共通点は「愛」

Boa tarde!〔ボア・タルジ！（こんにちは！）〕

ブラジル正心館《しょうしんかん》にお集まりのみなさん、本当にありがとうございます。私がマエストロ・リュウホウ・オオカワです。本日の午前中に日本からブラジルに到着《とうちゃく》しました。

今日は、このブラジル正心館にリーダー会員が二百人ほど集まっているとのことなので、時差調整なしではありますが、「神秘の力について」という題で、簡単な法話《ほうわ》をすることにしました。

地球の真裏《まうら》から来たばかりなので、今日はブラジル正心館を視察するだけの予定だったのですが、私の性格からいって、そういう仕事では満足がいかず、「せっかく視察に来たのだから、何か話をしたい」と思ったのです。その結果、みなさんには一回多く私の法話を聴《き》くチャンスができました。

私は、できればブラジルには何度も来たいのですが、次がいつになるかは分かりませんし、みなさんのなかには高齢《こうれい》の人もいて、私の法話を聴くのは「最初で最後」ということもあるかもしれないので、少しでも話ができる機会があれば、そのときに話しておきたいと思うのです。

特に、ここブラジルは、私がいる日本に比べて、霊的《れいてき》な思想、神秘的な思想が、わりと受け入れられている国であると聞いています。そして、国民の八十パーセントはカトリックの信者であるとも聞いています。そうすると、「国民の多くがイエスへの信仰《しんこう》を持っている」ということになります。

キリスト教徒のみなさんに次のようなことを言うと、「本当かな」と思われることが多いでしょうし、みなさんがそれを伝道の際に言っても、「本当ですか」と言われるかもしれませんが、実は、イエス・キリストは、よく言って私の友達なのです。

もっとはっきりと言うと、私は彼をかなり指導していました。二千年前、彼が地上に下りていたとき、天上界《てんじょうかい》から、いろいろなインスピレーションを与《あた》え、方向を与えていたのは私です。

今は私が地上に生まれているので、イエスが、いろいろなインスピレーションを与えてくれています。

八十パーセントがカトリックの信者なのであれば、ブラジル国民は、思想的には、かなり幸福の科学を理解できるのではないかと思います。

なぜかというと、幸福の科学の教えのなかには、イエスの考えが、おそらく三十パーセントぐらいは入っているだろうと思うからです。幸福の科学には、それ以外の思想もありますが、その程度はキリスト教と共通していると思います。愛の教えが共通しているのです。

2 信仰《しんこう》が奇跡《きせき》を引き起こす

幸福の科学で数多くの奇跡《きせき》が起き始めている

この「神秘の力について」という法話《ほうわ》のテーマにも関係がありますが、日本では、キリストが起こしたような奇跡《きせき》が幸福の科学の信者に数多く起き始めています。ブラジルでも、私が来たことをきっかけにして、今後、数多くの奇跡が起きるようになります。これは予言しておきます。必ずそうなるのです。

日本では、当会の祈願《きがん》によってガンが消滅《しょうめつ》することはよくあります。また、スケートボードで転倒《てんとう》して頭蓋骨《ずがいこつ》を骨折し、脳挫傷《のうざしょう》や脳出血、前頭葉《ぜんとうよう》の損傷などで意識不明に陥《おちい》った人が、手術も受けずに回復し、後遺症《こういしょう》も残りませんでした。質疑応答で私に質問をした人の潰瘍《かいよう》が、ほどなく消えてしまったこともあります。

また、次のようなこともありました。

日本の保養地である箱根には当会の箱根精舎《しょうじゃ》があるのですが、今年（二〇一〇年）の夏に、私がそこで説法《せっぽう》をし、そのあと質疑応答を行ったところ、ある人が、「私の過去世《かこぜ》は宇宙人ではないかと思うのですが、どうでしょうか」という質問をしてきました。そこで、私は、「三十秒ぐらい時間をくれますか」と言って、その人の過去世リーディング（霊査《れいさ》）をしたのです。

その結果、確かに宇宙人としての過去世が出てきたので、私は、その人に、「あなたの過去世は火星人で、いわゆる地底人です。二メートルぐらいの大きさで、モグラにも似たところのある、地中の生き物ですが、人間と同じぐらいの知能を持っていました」と伝えました。

事前には聞いていなかったのですが、実は、その人は幼少時からアトピー性皮《ひ》膚炎《ふえん》に罹《かか》っており、特に、日光アレルギーとでもいうか、日の光に当たると皮膚が荒《あ》れてボロボロになるような人だったそうです。

ところが、私から、「あなたは昔は火星の地底人で、地下に住んでいました。地上には、あまり出なかったのです」という話を聞いたところ、以後、その病気が治って、きれいな皮膚になり、日光に当たっても平気になったのです。

病気に罹っているときには、この世だけの原因でそうなっている場合もありますが、実は、リーディングによって、その人の過去世まで遡《さかのぼ》って見てみると、過去世に原因がある場合もあります。それをずばり言い当てられると、「病気の原因そのものを本人が自覚した段階で、病気の根本《こんぽん》が明らかになり、その結果、病気が治ってしまう」ということが起きるのです。

このように、今、幸福の科学では、さまざまな難病がそうとう治っています。

幸福の科学の教えはインドにも広がっています。インドには、幸福の科学が全面支援《しえん》をしている小学校があり、二千人ぐらいの児童がいるのですが、その学校の児童たちは校庭にて全員で修法《しゅうほう》「エル・カンターレ ヒーリング」を行《ぎょう》じています。これは病気を治すための修法です。

インドの貧しい地域には病院に行くお金や薬を買うお金がない人もいます。子供たちが修法「エル・カンターレ ヒーリング」を行じているのは、要するに、「お金を使わなくても病気が治る」ということなのでしょう。それを私は録画の映像で見たのですが、日本の学校ではできないことをインドでやっているのを見て驚《おどろ》いたのです。

奇跡《きせき》は「神の救済の証明」である

この世には神秘的なことは数多くあるのですが、神秘の世界の扉《とびら》が開《ひら》き、その神秘的なことに現実に接するためには、きっかけが必要です。日常の生活では経験しないようなこと、感じないようなことと出合うことが大事なのです。

神秘的な事柄《ことがら》、普通《ふつう》の生活のなかではありえないこと、この世の通常の法則のなかでは起きてはならないようなことが、現実には起きてくるのです。

こうした、この世で起きてはならない結果が起きることを、「奇跡《きせき》」と呼んでいます。

その奇跡を引き起こす原因は、ただ一点に要約することができます。それが「信仰《しんこう》」です。

当会では、長いあいだ、信仰をあまり強くは打ち出しませんでした。もともとは真理の学習団体としてスタートしましたし、「幸福の科学《ハッピー・サイエンス》」という名称《めいしょう》からも分かるように、「幸福になるための科学」「霊界《れいかい》の科学」を研究する立場を取り、非常に理性的で知性的な団体、インテリと言われる人々が数多く集まっている団体であったため、意図的に、あまり奇跡を起こさないでいたところもありました。

しかし、もはや止《と》めることができなくなり、数多くの奇跡が起き始めました。今では、日本を超《こ》え、フィリピンやアフリカでも奇跡が起きています。「医者に見放された、治るはずのない患者《かんじゃ》の病気が治ってしまう」ということが現実に起きているのです。

これは、この世においては例外的なことかもしれませんが、神の救済の証明であると思います。その証明のために、一定の例外として、そういうことが起きているのだと思うのです。

みなさんのなかにも、そうしたことの証明役となる人がいるかもしれません。

「神あるいは仏といわれる偉大《いだい》な神霊によって遣《つか》わされた人間として、この世に生まれて生きている」ということを証明するために、そのような奇跡が身に臨《のぞ》むこともあると思います。

パウロは、復活したイエスに呼びかけられ、突如《とつじょ》として目が見えなくなりましたが、キリスト教徒の祈《いの》りによって、再び目が見えるようになりました。そして、彼は、キリスト教を迫害《はくがい》する立場から、キリスト教を伝道する立場に変わったのです。

みなさんのなかには、最初は幸福の科学を信じていなかったり、伝道されても、それに抵抗《ていこう》していたりした人もいるでしょうが、あるとき、奇跡を体験して、真理を確信することがあると思います。

そういう現象が、これから十倍も百倍も起きてくることを、私は断言します。

「私がブラジルに来た」ということは、「これから、そういう奇跡を起こすつもりで来た」ということなのです。そういう奇跡の報告がブラジルから日本に数多く届くようになると信じています。

「多くの人たちを救いたい」という気持ちが奇跡《きせき》を呼ぶ

『聖書』のなかには、イエスを裏切った弟子《でし》たちがたくさん出てきますが、最後には彼らもイエスの奇跡《きせき》を信じ、やがては、イエスのように病気を治す力を自分も身につけて、多くの人々を救うことができるようになりました。

みなさんにも、多くの人々を救うような力が、その身に臨んでくることになると思います。それが信仰の力であり、真理の力でもあるのです。

なぜ、そういうことが起きるかというと、結局、幸福の科学の教えの根底には、「この世に生きている人々を一人でも多く幸福にしたい。数多くの人たちを助けたい。救いたい」という思いがあるからです。この気持ちが奇跡を呼んでいるのです。

「人々を導きたい」という強い願いが、彼らの人生のコースを変えていきます。悪い人生のコースから、よい人生のコースへと、切り替《か》えていくのです。

そのための仕事が、この聖なる宗教の仕事なのです。

私は、ブラジルに来るに当たり、勉強のためにブラジル映画を何本か見てきました。しかし、「とてもひどい映画が多い」と思いました。犯罪映画、つまり、やたらと犯罪者が出てくる暴力的な映画が、あまりにも多かったからです。

そこで描《えが》かれていたのは、「神も仏もあるものか」と思うような社会でした。

実際に見たサンパウロは、映画で見たサンパウロよりも、もう少しきれいな都市に見えました。近代的で、ややニューヨークにも似た感じがあったので、映画で見たものとは違《ちが》っていましたが、映画で見るかぎりでは、犯罪が溢《あふ》れ、「人々の心がすさんでいる」という状況《じょうきょう》が当たり前になっている印象を受けました。

そのため、「このまま見捨ててはおけない」という気持ちになったのです。

もし、この社会が病《や》んでいて、人々に善と悪の違いが分からず、また、「神の救いとは何であるか」ということさえ分からないのであるならば、それを教えるのは尊い仕事です。

したがって、できるだけ神秘的な話をしていかなければならないと思いますし、みなさんの活動においても、「多くの人々の人生を変えていく」という力を実際に示さなくてはならないと思うのです。

「信者数、会員数が増える」ということは、もちろん、教団としては望ましいことですが、幸福の科学は、それだけが目的で活動しているのではありません。本当に、人々の人生を正しいほうに向かわせ、神が望んでいるような人生を送れる人が一人でも二人でも増える方向に導いていきたいのです。それが幸福の科学《ハッピー・サイエンス》の仕事です。

今、ブラジルでは幸福の科学の信者が急増していますが、ただ増やすだけではなく、どうか、そのなかに魂《たましい》を込《こ》めてください。思いを込めてください。熱意を込めてください。「人々を救いたい」という強い心を、その内に宿らせていただきたいのです。

私たちは単に教団の発展だけを願っているのではありません。「正しさ」というものが、この地球を覆《おお》うことを願っているのです。

そして、愛が人々のあいだに結ばれることを心から願っています。人々が、憎《にく》しみ合うのではなく、自らの間違いを悔《く》い改めて、他の人々を許し、愛し合う社会をつくることを願っているのです。それが幸福の科学の心からの願いです。

そのために、このブラジルという地も、非常に霊的《れいてき》な磁場を持つ地として選ばれていると私は思うのです。

3　幸福の科学の支援霊団《しえんれいだん》は五百人

ブラジルとインドで、幸福の科学の信者が急速に増えている

幸福の科学の国際伝道において、ブラジルは、ほかの国に比べて群《ぐん》を抜《ぬ》いた活動をしてきました。

私が、この活動を始めて二十四年がたちましたが、初めて来たにもかかわらず、その段階で、すでに、このようなブラジル正心館《しょうしんかん》が建っているのです。現地のみなさんの仕事がどれほど大変だったかがよく分かります。

みなさんは頑張《がんば》りました。本当にありがとうございました。他《た》の外国の人たちの模範《もはん》、手本になりました。これは本当に喜ばしいことです。

日本の国内では、「日本の信者たちはブラジルを見て反省しなくてはならない。日本に比べれば、まったくと言ってよいほど教団から支援《しえん》を受けていないのに、ブラジルの信者たちは、自発的に頑張って伝道しているではないか。日本も、あのぐらいやらなくて、どうするのだ。日本人のほうが疑い深くて動きが鈍《にぶ》い。ブラジルの方《かた》が一生懸命《いっしょうけんめい》に伝道しているところを見習うべきだ」と言われているのです。

また、今はインドでも当会の信者数が大幅《おおはば》に伸《の》びています。インドでは、おそらく二〇一三年までに信者数が百万人を突破《とっぱ》すると言われているのです。ものすごい増え方です。

ある地域では、二〇〇九年に公開された映画「仏陀再誕《ぶっださいたん》」を映画館で見ただけで、三人に一人は当会の三帰信者（「仏《ぶっ》・法《ぽう》・僧《そう》」の三宝《さんぽう》に帰依《きえ》することを誓《ちか》った者）、すなわち本物の信者になったほどです。

インドは、もともとは仏教国だったので、仏陀を取り扱《あつか》った映画に対する、インドの人々の反応は非常に大きかったと聞いています。「アニメーション映画を見ただけで、その場で信者になってしまう人が大勢いる」と聞き、日本とのあまりの違《ちが》いに私は驚《おどろ》いてしまいました。

一方、このブラジルでは、映画「永遠の法」（二〇〇六年公開）の評判が非常によいと聞きました。

実は、この映画は、私が製作総指揮をしたアニメのなかでは、最も難しいものの一つです。美しいことは美しいのですが、内容は難しく、日本人には、この映画を見ても、「分からない」という人が大勢います。日本で製作されたアニメなのに、日本人が「分からない」と言うのです。

なぜかというと、この映画は、あの世の構造について、極《きわ》めて詳《くわ》しく説明しているからです。映画「永遠の法」は、「あの世には次元構造というものがあり、それぞれの次元は、このようになっている」というかたちで、あの世の風景を描《えが》いています。

ところが、「あの世があるかどうか、分からない」という人が、日本人には七割ぐらいいます。日本は、そういう状態なのです。あの世があるかどうかも分からない人には、映画「永遠の法」は理解できないわけです。

その映画が、ブラジルでは、当会の映画のなかで人気ナンバーワンになっています。これは、「ブラジルの国民は、霊的《れいてき》世界について、いかに関心を持っているか」ということを意味していると思うのです。

日本でも霊的《れいてき》な革命を徹底的《てっていてき》に起こしたい

フランス人のアラン・カルデックの著書『霊《れい》の書』は、あの世の世界について書かれた本ですが、これがブラジルでは四百万部以上も売れており、その影響《えいきょう》は二千万人以上に及《およ》んでいると聞いています（日本語訳は、『天国と地獄《じごく》』および『アラン・カルデックの「霊との対話」』という書名で、幸福の科学出版より刊行されている）。

その『霊の書』は、自動書記等を通して霊界《れいかい》からの通信を集め、それを要約した本ですが、幸福の科学も、一九八一年の自動書記から始まりました。私の手が自動的に動き、天上界《てんじょうかい》からの言葉を綴《つづ》り始めたのが、そもそもの始まりです。

そのあと、私の声帯《せいたい》を通して、天上界の高級諸霊が言葉を語るようになりました。正確に数えたことはありませんが、「幸福の科学の支援霊団《しえんれいだん》は五百人ぐらいはいる」と言われています。

今年、私が日本で著《あらわ》した本は、書店で売っているものだけで五十冊以上ありますが、そのなかの四十数冊は霊言集《れいげんしゅう》であり、登場した霊人《れいじん》は、今年だけで百人を超《こ》えています。これは、ものすごいパワーです。アラン・カルデックの『霊の書』どころではありません。今年だけで百人以上の霊人が霊示《れいじ》を送ってきて、それが本になって出ているわけです。

今年、私の著書は一週間に一冊以上の速度で出ているのです。これは大変な奇《き》跡《せき》です。そして、日本の大手新聞にも、毎週のように、私の著書の広告が大きく載《の》っています。

日本も、今、そうした変革期のなかにあります。

しかし、日本の人々の多くは、まだ、ブラジルのみなさんのように、映画「永遠の法」を見て霊界の違いを知り、それを「面白《おもしろ》い」と感じるレベルまでは行《い》っていません。そのことを、私は悲しく思っています。

したがって、時間はかかりますが、発祥《はっしょう》の地である日本でも、霊的な革命を徹《てっ》底的《ていてき》に起こしていきたいと考えています。

霊的な意味において、すでに先進国であるブラジルのみなさんには、いっそう幸福の科学の思想を押《お》し広げていただきたいと思います。それを日本に逆輸入して、私が、「ブラジルの人たちは、これだけ勉強しているのだ。みなさんも少しは見習いましょう」と言えるようにしていただきたいと思います。それを心から願っています。

今日は、急ではありましたが、情熱だけをお伝えしました。本当にありがとうございました。

第2章

常勝思考の力

［2010年11月9日　ソロカバ市・ソロカバ支部にて］

1　幸福の科学は「日本のナンバーワン宗教」

日本人は「大川隆法」の名を知っている

ソロカバ支部のみなさん、お集まりいただき、ありがとうございます。

この支部での説法《せっぽう》は当初の予定には入っていなかったのですが、ここもブラジルでは最大の支部の一つなので、私が「行きたい」と言って、急遽《きゅうきょ》、予定に入れました。私は本当に地球の真裏《まうら》からやってきたのです。日本とブラジルとの距離《きょり》は二万キロぐらいあります。「せっかく来たので、サンパウロだけでは、もったいない。行ける所には行きたい」と考えて、来てみたのです。

今日の説法の題は「常勝《じょうしょう》思考の力」にしました。私の著書の『常勝思考』（幸福の科学出版刊）は、ポルトガル語にも翻訳《ほんやく》がなされているので、比較的《ひかくてき》、話がしやすいだろうと思ったからです。

もっとも、説法の際に書籍《しょせき》の内容にとらわれるつもりは、まったくありません。みなさんにとって、イメージが湧《わ》きやすいような話にしたいと考えています。

さて、実は、昨日の夜、東京の総合本部のほうから、ブラジルにいる私のところにファックスを大量に送ってきました。夜寝《ね》る前に八十四枚も送ってきたのです。「何を送ってきたのか」と思ったら、日本で発売された、「週刊ダイヤモンド」という経済雑誌の最新号の一部でした。

そこでは「新宗教」について八十ページほどの特集が組まれていて、ほかの宗教についても少しずつ載《の》ってはいるのですが、かなりの部分が幸福の科学《ハッピー・サイエンス》に関する記事なのです。

この雑誌は、普通《ふつう》の週刊誌ではなく、経済の専門誌なので、ある程度の信用性があるものです。しかも、経済誌としては、かなりのクオリティ誌であり、質の高い雑誌ですが、一年前にも宗教の特集を組み、そのときも幸福の科学を大々的に取り上げていました。

昨日送ってきた記事を読むと、幸福の科学を、あらゆる観点から大企業風《だいきぎょうふう》に分析《ぶんせき》していました。ありがたいことに、いろいろと研究し、発表してくれているのです。

それによれば、「もはや、幸福の科学は日本のナンバーワン宗教である」という位置づけでした。去年、今年と、二年続けて、「日本のナンバーワン宗教だ」として発表してあるのです。

ブラジルでは、日本の新宗教として成功しているものとして、生長の家《せいちょういえ》や世界救世教が知られていると思います。その二つは、日本の新宗教のなかでは上位二十位以内には入っている宗教ではありますが、「週刊ダイヤモンド」誌によれば、幸福の科学の大きさは、生長の家や世界救世教の十五倍ぐらいあるのです。それを聞くとブラジルのみなさんは驚《おどろ》くでしょう。

ブラジルでは、あちらのほうが先発なので有名だと思いますが、日本では、当会は、その二つをはるかに超《こ》える規模を持っていて、今、ナンバーワンなのです。

その雑誌では、幸福の科学について、「今は外国でも伝道を進めているところであり、国内には公称《こうしょう》で一千百万人の信者がいるが、海外にも百万人はいるだろう」と書いてあるのですが、当会の広報局は、「そんなものではない」と文句を言いたいようではあります。

このように、当会は、今、日本では、非常に力があり、最も注目されている宗教なのです。

ブラジルのみなさんは、まだ、「幸福の科学は、できたばかりの宗教であり、入ったばかりの信者が多くて、小さく広げているところだ」と思っているかもしれません。

しかし、今、日本人にアンケート調査をすれば、八割の人は、幸福の科学の活動について、だいたい知っています。そして、大川隆法を知らない人は日本人ではいないのです。日本人は、ほぼ全員、私のことを知っている状況《じょうきょう》になっています。

そして、ブラジルのみなさんに、もっと知っていただくために、今回、私は来たのです。それを分かっていただければ幸いです。

幸福の科学は「オピニオン性」と「精神性」が非常に高い

幸福の科学は、今、日本では最も注目されている宗教です。成長性の面でもそうですが、実は、それだけではありません。その雑誌の分析には載っていないものの、日本の宗教のなかで、今、最もオピニオン性の高い宗教なのです。

要するに、当会は、政治や経済、世界のあるべき姿などについて、はっきりとした意見を打ち出せる宗教であって、ほかの宗教で、そういうことが言えるところ、現代の問題について言えるところはないのです。唯一《ゆいいつ》、幸福の科学だけが、現代ただいまの問題に対して意見を述べているのです。

当会は、そういうオピニオン性、意見性を持っています。

もう一つ、当会は精神性も非常に高い教団です。これは、週刊誌では、とても書き切れないものではありますが、「非常に精神的な面が深い」ということが知られているのです。

そもそも、当会が世に知られるきっかけとなったのは私の著作です。この二十五年間、私はベストセラーを出し続けてきました。そのなかには外国語に翻訳されたものも数多くあります。

これまで私は六百冊以上の著書を出してきましたが、書店売りのものは一冊残らずベストセラーなのです。まもなくギネスブックに載るのではないかと思っているぐらいです。二十五年間、毎年、ベストセラーを積み重ねてきたことが、やはり、実績として認められてきました。

昨日は、サンパウロにある大きな書店で、当会のセミナーがよく行われている所を見てきたのですが、『永遠の法』（幸福の科学出版刊）のポルトガル語版がよく売れているとのことでした。

私が『永遠の法』を書いたのは、まだ教団が本格的な活動を始める前であり、信者がほとんどいない状態のときです。そのときに書いたものが翻訳され、ブラジルで出ているのです。『永遠の法』は二〇〇六年に映画化もされ、ヒットしました。そうしたものが長く広がり続けていることを、とてもうれしく思います。

この『永遠の法』と、『太陽の法』『黄金の法』（共に幸福の科学出版刊）という、三部作と言われている三冊の本は、私が三十歳《さい》のとき、要するに立宗《りっしゅう》の時点で書いた本であり、それが幸福の科学の教えの骨格をつくりました。二十数年たって、いまだに内容的には古くなっていません。数多くの外国語にも翻訳されています。

世界各地で読まれている『常勝思考《じょうしょう》』

今日の演題にもある『常勝思考《じょうしょう》』という本は、私が三十二歳のとき、幸福の科学を始めて二年がたち、三年目に入ったときに書きました。

これは四週連続のセミナーでの説法を一冊の本にしたものです。「常勝思考」というテーマで章立てをし、毎週ウィークデーの夜に、千人近い規模の会場で、四回、話をしたのです。この本は、その年、二百万部以上、日本で売れました。

これによって、私と幸福の科学は、一躍《いちやく》、全国的にも認められていったのです。

この本の書評は、クオリティ紙と言われる大手新聞にも載りました。それまで大手新聞は宗教書を書評で扱うことを敬遠していたのですが、『常勝思考』は、そういう新聞にも書評が載ったので、そのあたりからベストセラーとして有名になっていった本なのです。

この本は意外に大きな力を持っており、各国語に翻訳され、世界各地で読まれています。どのような国であっても、たとえ、神や仏を信じない、唯物論・無神論の国であっても、「常勝思考」という考え方は使えるのです。そのため、早々《はやばや》と中国語にも翻訳されて、向こうでも勉強されています。

最近、中国では『太陽の法』の中国語訳が発刊されましたが、帯《おび》一面に漢字で「全世界一千万部突破《とっぱ》」と書いてありました。

今、世界各地で、いろいろな人が、宗教や思想、信条を超えて、私の説く教えを勉強し始めています。私は、そのことを、とてもうれしく思っています。

2　「あの世の存在」は常勝思考《じょうしょうしこう》の前提

あの世がないことを証明できた人は一人もいない

この「常勝《じょうしょう》思考」という考え方のポイントは、いったい何でしょうか。

これは単純で楽観的な思想だけを肯定《こうてい》したものではありません。

逆に、非常に悲観的な思想でもありません。こういう言い方をされると、カトリックは困るのかもしれませんが、キリスト教には、「人間、罪の子」の思想、つまり、「人間は、もともと原罪《げんざい》を持っている。生まれつき罪を背負っているのだ」というような思想がありますが、そういう思想でもないのです。

それでは、常勝思考とは、どういう思想なのかというと、まず、「人間が地上に生まれるときに肉体に宿る魂《たましい》こそが、人間の本質なのだ」と考えます。

すなわち、「人間にとって本来の世界は、この三次元世界ではない。人間は、四次元から九次元までの世界に、魂として住んでいた存在である。そういう存在が、時代が変わったときに、新しい人生経験を積もうとして、国籍《こくせき》を変え、職業を変え、性別を変えて、この世に生まれてきているのだ」という考え方を持っているのです。

「この世だけがすべてだ」という考え方をすると、単純に幸福と不幸を分けることもできるのですが、「この世だけがすべてではない。この世を去った世界、この世から離《はな》れた世界に、実在界《じつざいかい》といわれる、本当の世界があるのだ」ということから考えれば、「この世に生まれてくる」ということは魂の修行なのです。

要するに、霊的《れいてき》な存在が、肉体に宿ることによって、新しい名前と個性を持ち、また、ときには以前とは違《ちが》う性別で肉体に宿り、人生経験をするわけです。人生には、そういう出発点があるのです。

このことの証明のために、私は、数多くの霊言《れいげん》を、あの世から降ろしています。地上を去った世界に生きている、霊天上界《れいてんじょうかい》の高級諸霊の言葉を本にして出し、証明を続けているのです。

もちろん、それを信じない人はいます。しかし、少なくとも、「人間は、あの世からこの世に生まれてきて、数十年の人生を送り、やがて、あの世に還《かえ》っていくのだ」ということを証明し続けている人、その努力をしている人がいることについては、やはり認めていただかなくてはいけないと思うのです。

「あの世の存在を信じない」と言うことは簡単ですが、「あの世がない」ということの証明に成功した人は、いまだかつて一人もいません。歴史上、一人もいないのです。「あの世は存在しない」ということを証明できた人など、一人の名前も挙げることはできません。

一方、「あの世がある」ということを証明しようとした人、説明しようとした人は数多くいます。そういう人が、いろいろな時代に、宗教家や哲学者《てつがくしゃ》、思想家、道徳家などとして出てきて、あの世や魂についての話をしています。そういう人は世界各地に大勢いるのです。

そういう人々の努力をまったく無視して、単に「自分は信じない」と言うだけであれば、その態度には傲慢《ごうまん》なところがあるのではないでしょうか。やはり、一《いっ》生懸命《しょうけんめい》に努力している人の言葉に少しでも耳を傾《かたむ》けるべきだと私は思うのです。

霊界《れいかい》の証明のために、私は大量の霊言集《れいげんしゅう》を発刊してきた

今年、私が日本で新たに出版した本は、書店で売っているものだけで五十冊を超《こ》えています。そのうちの四十冊以上は霊言集《れいげんしゅう》です。霊の存在証明のために、一部、地獄霊《じごくれい》も入れ、地獄のサタンの言葉なども出してみましたが、大部分は、あ

の世の高級霊からの霊示《れいじ》です。

そこに登場した霊人《れいじん》は百人を超えています。百人以上の人の言葉を紹介《しょうかい》していますが、内容は全部違います。個性も違います。今、私は、このようにして霊界の証明をし続けているのです。

以前も、それを行っていました。ただ、あまりにも霊人たちの個性が違いすぎ、教団としての教えが分かりにくいので、あるとき以降、霊言集ではなく理論書に重点を置き、私自身の考えを中心にしてきたのですが、時間がたつと、あの世そのものについて信じられない人が増えてきたので、今年は霊言集を数多く出しているのです。

このブラジルの地には、霊界を信じ、霊界思想を持っている人が多いようです。

ここでは、ブラジルでの最初の説法《せっぽう》でも述べたように、アラン・カルデックの『霊の書』も有名です。

また、ブラジル人で、二〇〇二年に亡くなられた、シッコ・シャビエルという人は、「霊界通信で自動書記をしたり、エマニュエルという、自分の〝守護霊《しゅごれい》〟の姿が見え、その言葉が聞こえたりした」と言われています。

その生涯《しょうがい》を描《えが》いた映画も、このブラジルでは、かなり評判になったようです。それを私は日本で見ました。

実は、昨日、私はシャビエルの著書を買い、本人の霊を呼んで少し話をしてみたのですが、彼は死んで八年ぐらいなので、残念ながら、まだ霊界のことを十分に理解している状態ではなく、本来、自分が悟《さと》るべきところまでは行っていないようでした。

彼は七次元の菩薩界《ぼさつかい》から生まれてきた人らしいのですが、現在ただいまは、あの世で考えの整理が十分にはついておらず、私が転生輪廻《てんしょうりんね》の思想の話をしても、彼のほうは、「まだ十分には信じ切れない」という状態でした。

私は、古代ローマにおけるダマスカス地方の古代ダマスカス語で話しかけて、「あなたは、その時代に生きていたでしょう」という話をし、向こうも、それに合わせた言葉で言っていたのですが、転生輪廻については、もう一つ、はっきりとは理解できないような状態だったので、勉強する時間がもう少し要《い》るのではないかと感じました。

ブラジルにも、彼のように、あの世の霊の言葉を伝える人は数多く出ているとは思いますが、私は、日本で、あの世の霊人の言葉を数多く本格的に公開しているのです。

3　常勝《じょうしょう》思考の本質とは

この世は「魂《たましい》にとっての学校」である

「霊界《れいかい》はある。人間は、あの世からこの世に生まれてきて、数十年の人生を送り、やがて、あの世に還《かえ》る」という思想を受け入れるならば、「この世は魂《たましい》にとっての学校である。この世で経験することは、すべて、教育として許されていることなのだ」と捉《とら》えることもできるでしょう。

そのように考えたとき、考え違《ちが》いをしてはならないことは何でしょうか。それは、「たとえ、今、自分が不幸な環境《かんきょう》に置かれているとしても、それを、親のせいや会社のせいなど、他のもののせいにしてはならない」ということです。

もちろん、景気のよし悪《あ》しもあれば、いろいろな社会的変動もあります。また、大統領など、その国の政治的指導者が変わることもあります。政治的指導者が政治に失敗することもよくあって、その場合には国が大変なことになりますし、よい政治的指導者が出てくれば、国の経済が立ち直ったりすることもあるので、その影響《えいきょう》がないとは言いません。必ずあるでしょう。

しかし、「たとえ、どのような時代であっても、自分の心を護《まも》るのは自分自身である。どのような運命の川の激流のなかにあっても、そのなかで見事に舟《ふね》を漕《こ》ぎ渡《わた》っていくのは自分自身なのだ」ということを忘れてはならないのです。

その観点から見ると、この世で、職業上の失敗、恋愛《れんあい》での失敗、病気、試験での不成功など、いろいろなことがあっても、やけを起こし、自暴自棄《じぼうじき》になって、自分自身を駄目《だめ》にしてはいけません。自分や世間が信じられなくなり、やる気がなくなって、未来が真っ暗に見える状況《じょうきょう》になってしまってはいけないのです。

「そのような人生観を持ってしまうのは、ほかならぬ自分自身の責任だ」という考え方を、しっかりと持たなければいけないと私は思います。

そういう悪い事情があったときに、例えば、「原罪《げんざい》という、はるかなる昔に人類の祖先が犯《おか》した罪により、今の私は、こんなに不幸なのだ」と考えても、それによって今の自分が救われることはありません。

「原罪」という思想は、信仰《しんこう》を立てたり、人間としての間違いを反省し、懺悔《ざんげ》したりするためには、役に立つこともあります。しかし、それによって現在ただいまの自分のすべてを説明するわけにはいかないのです。

悪霊《あくれい》の憑依《ひょうい》は「波長同通の法則」によって起こる

また、自分が不幸なことを先祖のせいにし、「先祖が迷っているから、今、自分は不幸なのだ」という言い方をする人もいます。

それが当たっている場合もないわけではありません。確かに、先祖が地獄《じごく》で迷っている場合もありますし、先祖の霊《れい》が子孫に憑依《ひょうい》していることもあります。現実に、そういうことを私は数多く見てきました。

しかしながら、霊界には「波長同通の法則」というものがあって、「取り憑《つ》かれるもの」と「取り憑くもの」とは思いが通じているのです。そうでなければ、憑依霊は地上の人に憑いていられません。憑依霊が長く憑いていられるのは、両者の心の思いが似ているからなのです。

例えば、この世に生きている人が、誰《だれ》かを強く恨《うら》んだり憎《にく》んだりする気持ちを持っているとします。その場合、あの世の地獄界に堕《お》ち、人を恨んだり憎んだり怒《おこ》ったりしている先祖がいれば、両者の波長が通じてしまいます。

そうすると、子孫がその思いを持ち続けるかぎり、先祖は、いつまでも憑依することができ、憑依された人の運命を悪くしていきます。その人を病気にしたり、事業を成功させなかったり、間違った判断をさせたりできるのです。

そういう意味では、「先祖が迷っていて、子孫を苦しませる」という現象が、あることはあります。

しかし、その場合であっても、「まず子孫の側が自分自身の心を正すことが大事である」と言っておきたいのです。

ブラジルにある日本系の宗教のなかには、不幸のすべてを先祖のせいにしたり、憑依霊のせいにしたりする宗教もあります。そういうことの影響はないとは言いませんが、「憑依霊をはずすのは、実は、自分自身の心のあり方次第なのだ」ということを忘れてはなりません。

要するに、自分自身の心をピカピカに磨《みが》いたならば、悪霊は取り憑くことができなくなるのです。単なる他力信仰というか、他のものの力による救いも可能ではあるのですが、各人が自分自身を磨き、光り輝《かがや》くことによって、悪霊をはずすことをできるのです。そのことを知っていただきたいのです。

心が反省によって磨かれ、光を放つときには、後頭部に後光が射《さ》します。聖人を描《えが》いた絵などを見ると、金の輪がかかっていることがよくありますが、あのように金色《きんいろ》のオーラが実際に出ます。そういう状態になると、憑依霊が憑いていられないのです。

また、自分自身に光が出るような状態になると、天上界《てんじょうかい》とも同通するようになります。この段階においては、自分自身の守護霊《しゅごれい》、あるいは、守護霊よりも格の高い、天使に相当する指導霊からも光が入ってくるようになります。その光は、非常に温かい光であり、それまでの重い感覚、苦しい感覚、疲《つか》れた感覚などが、一気に取り去られるような気持ちになるのです。

成功からも失敗からも、プラスの結果を導いていこう

「常勝思考《じょうしょう》」の本質は何であるかというと、結局、「この世は人生学習の学校なのだから、成功しようと失敗しようと、そのなかからプラスの結果を導いていくことが大事である」ということです。

努力した結果、成功したならば、それを素直に喜んでよいのです。ただ、それで自惚《うぬぼ》れるのではなく、その成功の喜びを他《た》の人に分け与《あた》えていくことが大事です。また、今後、自惚れによって失敗しないように、謙虚《けんきょ》であることを心掛《こころが》け、精進《しょうじん》を積み重ねなければいけません。

一方、失敗した場合には、「この失敗のなかに次の成功の芽があるのだ」ということを知り、「この失敗が、天命、天意、神の心として、今、自分に何を教えようとしているのか」ということを考え、そのなかから教訓を学び取ることが大

事です。

こういう姿勢で人生を生きている者は、「人生に敗北などないのだ」と言い切ることができます。「人生で出合う、すべての出来事を、自分を磨くための材料、自分を成長させる種にしていく」という気持ちで生き渡っていくならば、みなさんは成功の道を歩むしかないのです。そして、「強い自分」というものを、自分自身でつくり出していくことができるわけです。

私は飛行機に乗ってサンパウロまで来ました。「サンパウロのブラジル正心館《しょうしんかん》で説法《せっぽう》をすれば、それで今回の役目は終わった」と考えることも可能でしたし、最初の予定ではそうでした。

ところが、日本を出る間際《まぎわ》になって、私は、「三回は説法をしたい」と言って三回に変更《へんこう》し、ブラジルに着くと、「四回やりたい」と言い、しばらくすると、「もう一回増やして、五回やりたい」と言い出しました。

それには、肉体的に見れば、厳しい面はあります。今の私は徹夜《てつや》明けに近い状態で説法をしており、肉体的に、それほどよいコンディションではありません。

しかし、日本からブラジルに来るのは簡単なことではないので、「来た以上は、一人でも多くのみなさんにお会いしたい」という気持ちを私は持っています。

そういう積極的な思想を持つことが、自分の人生を大きくすることであり、成功への道に入《はい》ることだと私は思います。言い訳をしないで、困難・苦難を乗り切っていくことが、人生に勝利していく道だと私は思うのです。

そのように、私は、「すべての出来事をプラスの種として考えていくことが大事である」と強く考えています。

第3章

幸福への道

[2010年11月10日　ジュンジャイ市・ジュンジャイ支部精舎にて]

1　私自身が「幸福への道」そのもの

ジュンジャイ支部精舎《しょうじゃ》のみなさん、お会いできて、たいへんうれしく思います。今回でブラジルでの説法《せっぽう》も三回目になります。幾《いく》つかの場所で、みなさんとお会いできることを、とてもうれしく思っています。

今日は「幸福への道」という題を選んでみました。ハッピー・サイエンス、すなわち幸福の科学と非常に関係のある題であると考えています。

このジュンジャイ支部精舎には、サンパウロから車で高速道路を走ってきたのですが、日本に比べると、ブラジルの高速道路には、ややデコボコがあり、また、グニャグニャと曲がってもいたので、私は、当初、「普通《ふつう》の道を走っているのだ」

と思っていました。高速道路だと聞いて驚《おどろ》いたのですが、途中《とちゅう》からスピードが出始めたので、やはり、そうであったようです。

そこを走っているときに、この演題とも関係があるのですが、私は、「私自身が『幸福への道』そのものなのだな」と、つくづく感じました。

道の気分になってみたら、「ああ、私の背中の上を、車が何台も通っているのだな。大勢の人が、この道を歩いているのだな」と感じたのです。

サンパウロに近い辺りでは、周りにゴミがたくさん捨ててありました。日本ではあまり見ない光景でしたが、「道は、ゴミが捨てられることもあれば、トラックが走ることもできる。尊敬されない扱《あつか》いを受けることもあれば、いろいろな役に立つこともあり、さまざまなことがあるものだな」と考えた次第です。

思い起こしてみると、この十一月という月は、私が、今から二十四年前に、日本の東京で、わずか九十人ほどの人を集めて第一回の説法をした月です。

それから二十四年後の今、ブラジルにはブラジル正心館《しょうしんかん》が建ち、そこで説法をするだけでは満足できず、昨日はソロカバ支部、今日はジュンジャイ支部精舎で説法をしているわけです。とうとう地球の裏側までやってきたと感じています。

著書にも書き、説法でも数多く述べたとおり、「私は、日本人のためだけではなく、全地球の人々のための教えを、真理を、説く使命を持っているのだ」ということを、今、自己確認しているところです。

2 「幸福へのヒント」になる考え方

ヒント①——人生の幸・不幸を決めるのは自分自身である

今日は、短い時間しか話せないので、細かいところにまでは入りませんが、幾《いく》つかのポイントに絞《しぼ》って、「幸福へのヒント」になるようなことを述べておきたいと思います。

その一つは、「人生の幸・不幸を決めるのは自分自身だ」ということです。これを最初に述べておきます。「自分自身の幸・不幸を決めるのは、ほかの人ではないのだ」ということを、どうか知っていただきたいのです。

「他の人が『あなたは幸福です』『あなたは不幸です』と決めたから、自分は幸福、あるいは不幸なのだ」と考えるなら、それは間違《まちが》いです。「自分が幸福であるか不幸であるかを決めるのは、あくまでも自分自身である」ということを知ってください。これが、みなさんに最初に述べておきたいことです。

言葉を換《か》えて言えば、毎朝、起きたときに、「自分が、幸福な一日を送るか、不幸な一日を送るか」ということを、自分自身で決められるのです。これを自覚しなければなりません。その一日を幸福にするのも不幸にするのも、他の人ではなく自分自身なのです。

例えば、今、外は曇《くも》っていて、雲が早く流れています。雨が降るかもしれません。また、昨日のソロカバ支部のように、帰りに雷《かみなり》が鳴るかもしれません。

しかし、それでもって、「雨が降った。雷が鳴った。だから、自分は不幸である」と考える人もいれば、「雨のなか、雷のなか、はるばる日本から来た大川隆法の話を聴《き》けた。自分は、こういう環境《かんきょう》に負けずに説法《せっぽう》を聴きに行った。今まで勉強してきたかいがあった」という喜びで満ち溢《あふ》れている人もいます。そういう人にとっては、天候などはどうでもよくなるわけです。

雨や風などの天候によって自分の幸・不幸を決める人もいるでしょうが、「そうした外部の環境ではなく、『自分自身がどう考えるか』ということによって、自分の人生を完全に支配することができるのだ」と考えることが大事です。

これは、私が幸福の科学で繰《く》り返し説いていることの第一点であり、最も大事なことの一つです。この教えを一つ握《にぎ》っていれば、あとのところは、その大部分を忘れたとしても、大きく外《はず》れることはありません。

まず、「幸・不幸を決める主体は自分自身である。自分の心一つが幸・不幸を決めるのだ」ということを、どうか忘れないでいただきたいのです。

人間には「神の一部」が宿っている

みなさんのなかには、かつて日本から移民してきた人や、その子孫の日系人もいると思います。「はるばる日本からブラジルに来て、その結果、幸福になった」、あるいは「不幸になった」という考え方もあるでしょう。

しかし、ブラジルに移民した人は大勢いますが、それぞれの人が、自分の幸福を、あるいは不幸をつかみ取ったのです。一人ひとりが自分の人生をつくっていったわけです。どうか、この原点を忘れないでいただきたいと思います。

他の人のせいや環境のせいにするのは、とても簡単なことです。実際、そういう影響《えいきょう》がないとは言いません。天気が悪ければ気分が滅入《めい》ることもあります。景気が悪ければ、やる気が起きないのが普通《ふつう》です。人から、低い評価を与《あた》えられたり、悪口を言われたりしたら、元気がなくなるのは当然です。

しかしながら、「周りの環境に対して、自分自身がどのように反応するか」ということは、一人ひとりの問題なのです。

私が説いている宗教における人間像は、従来からある数多くの宗教に比べると、はるかに強いものです。「あなたがた一人ひとりは、それほど弱い人間ではない」と私は述べているのです。なぜでしょうか。

みなさんが学ばれた宗教は、さまざまであるかもしれませんし、キリスト教のカトリック系の勉強をされた人が多いとは思いますが、どのような宗教においても、「神が人間を創られた」という考え方があるはずです。つまり、「神が人間を創られ、神の一部が人間のなかに宿っている」という事実を動かすことはできないのです。

神とは何でしょうか。神とは「光」です。神は「光そのもの」です。その光の一部がみなさんに宿っているのですから、みなさんは、もっと自分自身に自信を持たなくてはなりません。

本来のみなさんは、もっともっと力強い存在です。もっともっと可能性に満ちた存在です。もっともっと自分自身を変えていく力を持っているのです。

他の人に愛を与《あた》えて生きれば、自分の幸福が開けていく

みなさんが、自分自身を変え、自分を「神を目指して成長していく存在」へと導いていこうとするならば、この地上を去った霊天上界《れいてんじょうかい》においても、みなさんを見ている存在が必ずあります。

それを神と言ってもよいのですが、神近き天使たち、あるいは、如来《にょらい》や菩薩《ぼさつ》といわれる光の指導霊たちが、常に、みなさんを見守っています。

そして、「とうとう目覚めたか。とうとう、その時が来たか。やっと自分自身の値打ちに気がついたか」と言って、喜んでいるのです。

みなさんが自分の使命に目覚めたときに、「やっと、これから、本来の仕事ができる」ということを喜んでいる存在が、みなさんの目に見えない世界にいることを知っていただきたいと思います。

私も、この地上を離《はな》れた、はるかなる天上界から、地上に生まれた者です。そして、ひとつの大きな運命を持ち、はるばる二万キロという距離《きょり》を航空機で飛び、この地まで、みなさんに真理を伝えに来ているのです。

私は、自分自身、「私の人生は自分のものではない。百パーセント、神の計画そのものだ」と思っています。「自分自身が、この地上を照らす光そのものである」と固く信じています。そして、「私の通ったあとに幸福への道が開ける」と、自分自身、強く信じているのです。

私自身は数多くの困難のなかを生きてはいますが、「私の通ったあとに道は開け、多くの人々が、その道を歩むことができる」ということを、この上なく幸福なことであると考えています。

私は決して自分のことだけを言うつもりはありません。みなさんも同じです。

実は、自分自身が幸福になろうと思っても、幸福にはなれません。自分自身が幸福になろうとするのではなく、「世の人々を幸福にしよう」という強い願いを持って生きること、他の人々に愛を与《あた》えて生きんとすること、その道のなかに、みなさんの幸福は開けていくのです。

安易に、簡単に、容易に、「自分自身を幸福にしよう」と思う人は、他の人から、もらうこと、奪《うば》うことばかりを考えます。

そして、「他の人から十分に与えられない。自分自身が持つべきものを持っていない」と考えると、世の中を恨《うら》んだり、怒《おこ》ったり、愚痴《ぐち》や不平不満を述べたりします。なかには、攻撃性《こうげきせい》が強くなり、社会に対する犯罪者となって、世の中の人々に害を与える人も出てきます。

こういう人たちは、すべて、「愛とは、人から与えられるもの、人から奪うものだ。幸福とは、他の人からもらうものだ。他の人が私を幸福にする義務があるのだ」と考えています。

そうではありません。みなさん自身が、他の人を幸福にする、あるいは他の人を愛する、尊い義務を持っているのです。「他の人を愛し、他の人を幸福にする」ということは、それ自体が、「人間は、幸福になる権利ではなく、幸福になる義務を持っている」ということでもあります。

この世の中に人間として生きていながら、「他の人々を愛し、他の人々を幸福にする」ということに、自分の幸福を重ね合わせて考えることができる人ほど、幸福な人はいないのです。

普通の人間なら、人から何かをしてもらうことばかり考えることでしょう。しかし、そうしたなかにあって、他の人への愛や、他の人の幸福を考えて、自分の職業を実践《じっせん》し、自分の人生観をつくり上げることができる人は、その人自身が幸福であり、その人自身が光そのものなのです。なぜなら、そういう人生観を持った人は、世を照らしているからです。すでに「世を照らす光」となっているからです。

それが、「神は光である」ということの意味であり、また、みなさんが人間として生まれるに際して、「神の光の一部が宿った」ということの意味なのです。

ブラジルは中国やインドの次に来る「未来の大国」

私は、みなさんに次のことを言いたいのです。

ブラジルは、確かに、犯罪も貧困《ひんこん》も多く、いろいろと満たされない事情がたくさんある国です。しかしながら、この国は、未来を約束されている国でもあるのです。

アメリカの時代がありました。また、日本が繁栄《はんえい》している時代もありました。今は、中国も、大国として、その勢いを増しています。

そして、「中国の次にはインドが大国となり、二〇五〇年までには中国を追い抜《ぬ》くであろう」と言われていますが、「そのインドの次に来る大国こそ、このブラジルだ」と言われています。「中国、インド、ブラジルの順で、繁栄・発展が計画されている」と言われているのです。

そうであるならば、これは、「みなさんのお子さんやお孫さんの時代に、ブラジルという国が、世界の中心になる時代が来るかもしれない」ということを意味しています。

私が、今、このブラジルの地に来て説法をしているのは、現に生きているみなさんのためだけではありません。みなさんのお子さんやお孫さんの時代において、この国が世界を照らす光となるために、その種まきのために、今、私はやってきているのです。

この国には、輝《かがや》ける未来が必ず開けます。

今は、貧困で苦しむこともあるでしょう。経済が安定しないために苦しむこともあるでしょう。「なかなか思うように人生が開けない」という苦しみもあるでしょう。病《やまい》の苦しみもあるでしょう。

しかしながら、みなさんは、「未来の大国に生まれ合わせた」という幸福を持って、この世に命を享《う》けたのです。

みなさんが、今、なされようとしている仕事は、未来の人々にとっての大いなる福音《ふくいん》になります。未来のための種まきになるのです。

したがって、あとに続いてくる人々のために、みなさん自身が幸福の実践者になってください。真の意味において、神の幸福を体現した自分となってください。

そのために必要な考え方として、私は、最初に、「幸・不幸を決めるのは自分自身である」ということを述べました。

ヒント②――あの世の世界は百パーセント存在する

二番目に述べておきたいのは、「天国・地獄《じごく》という、あの世の世界は、百パーセント存在する」ということです。

これを、私は、過去三十年間、探究し、証明し続けてきました。

私の著書のなかには、ブラジルではまだ翻訳《ほんやく》されていないものも数多いのですが、日本では六百数十冊の本を出してきました。そのほとんどがベストセラーです。そして、説法も千数百回してきました。今年も、すでに二百数十回していま す。

私は、次から次へと新しい教えを説き、数限りない人々に、幸福への道、真理への道を説き続けてきました。

そして、どうしても、どうしても、みなさんに知っていただきたいことがあります。

「人間には神の光が宿っている」と述べましたが、それは、言葉を換えて言うと、「本当の自分は肉体そのものではない。肉体に宿っている魂《たましい》、霊体《れいたい》としての自分が、本当の自分である」ということです。そのことを、しっかりとつかんでいただきたいのです。

さらに言葉を換えて言いましょう。死んで、あの世に持って還《かえ》れるものは、みなさんの心しかありません。この世にあるものは、あの世には何一つ持って還ることができないのです。家も財産も服も、この世の学歴も地位も、何であろうと、あの世に持って還ることはできないのです。

あの世に還るときには心一つです。「心が美しいかどうか。心が清らかであるかどうか。心が豊かであるかどうか」、それのみが問われます。

「天国の門をくぐるときには、この世のものを何一つ持っていくことはできない」ということを知ってください。

「あの世に持って還れるものは心しかないのだから、この世で経験する、さまざまな事柄《ことがら》は、自分の心を磨《みが》くための材料にしかすぎないのだ」ということを、どうか、どうか、強く強く思っていただきたいのです。それが人生の目的そのものでもあるわけです。

この世において、苦難・困難、挫折《ざせつ》、悲しみ、人間関係の失敗、こういうものに遭遇《そうぐう》しないでいる人はいないでしょうが、「いろいろな悲しみや苦しみのなかを生きながら、どうやって自分の心を美しく輝かせるか」ということが大事です。

「他の人に害された」という思いを持ち、自分自身を傷つけて生きる人もいれば、その人に復讐《ふくしゅう》するために自分の人生を設計していく人もいますが、そういう人生は誤《あやま》りです。

「この世は、いろいろなことを経験する場所であり、その経験のなかで、いかにして、豊かで丸い美しい心をつくるか」ということが大事なのです。

ヒント③――人生において迷ったならば、最後は信仰《しんこう》をとる

そして、三点目を付け加えるとすれば、次のようなことになります。

この世において、判断に迷い、悩《なや》むことは、たくさんあるでしょう。この世は

誘惑《ゆうわく》に満ちており、魅力的《みりょくてき》なことが数多くあります。そのため、迷うことが多いと思います。ただ、人生において迷ったならば、最後は信仰《しんこう》をとってください。「信仰を選ぶ」ということは、弱い人間のすることではないのです。「信仰を選ぶ」ということは、「自分は勇気を持った人間である」ということを示していますす。目に見えないものを信じ、目に見えない価値のために人生を懸《か》けるのは、とても勇気の要《い》る行動です。

信仰を持つ人は、決して弱くはありません。本当は、勇気のある強い人であり、神に愛されている人であり、神に期待されている人なのです。

いろいろと迷うことはあると思いますが、「最後は信仰をとる。信仰一筋に生き抜く」と決意していただきたいのです。

私が真理探究の道に入って、まもなく三十年になります。この三十年間、私が説き続けていることは一貫《いっかん》しています。また、霊天上界の数百人にのぼる支援霊《しえんれい》から、いろいろな霊示《れいじ》を受けてきましたが、彼らが言ってきていることは一貫していています。それは、基本的には、ここで私が述べてきたようなことです。どうか、「信仰を通さずして、この世とあの世の壁《かべ》を乗り越《こ》えることはできない」ということを知ってください。

それが、実は、本当の意味における「科学」でもあります。未来の科学です。幸福の科学です。霊界の科学です。神秘をも含《ふく》めた科学なのです。

科学とは、「探究する心」でもあります。「未知なるものを否定せず、未知なるものを追い求める心」でもあるのです。それは、決して現代の知識時代に反することや恥《は》ずかしいことなどではなく、未来を向いての新しい科学なのです。そのことを知っていただきたいと思います。

このブラジルという国が、ますますの発展を迎《むか》えることを心より希望して、私の説法とします。

第4章

真実への目覚め

[2010年11月12日　サンパウロ市・ブラジル正心館にて]

1 人類に共通する「悟《さと》りへの入り口」とは

真実への目覚めは「人間が人間であることとの条件」

今日の説法《せっぽう》はブラジル正心館《しょうしんかん》での二回目の説法です。みなさんと何回もお会いできることを、とてもうれしく思います。ブラジルに来てから、これで四回目の説法であり、あさっての説法が五回目で、それが最終回です。

私は、「幸福の科学の基本的な考え方を、海外の人々にもよく分かるかたちで遺《のこ》したい」という気持ちを持ってブラジルに来ました。

ブラジルでの連続講演は、ブラジルのみなさんへの説法ではありますが、他《た》の国でも、その国の言葉に翻訳《ほんやく》し、各種のセミナーなどで使う予定になっています。

また、今回の連続講演も、やがて一冊の本になるでしょう。

ブラジルに来てからの説法について、みなさんに感想を書いていただき、それに私は目を通しましたが、「日本の信者と比べてみて、『真理の勉強が遅《おく》れている』ということは特にない」と確信しました。むしろ、非常に鋭《するど》い、論理的な考え方をしていることに驚《おどろ》きを感じました。

また、質疑応答では、私が日本で話をしたいと考えていたようなテーマについて、次々と質問が出されたので、本当に驚きを禁じえませんでした。

地球のどちらが表で、どちらが裏かは知りませんが、「人間の考えること、悩《なや》むこと、求めることは、そう大きくは変わらないものだな」と私は感じたのです。

みなさんの感想を読んで、「私が説いている教えは、日本以外の国の人々にも通じている」ということがよく分かりました。

そうでなければ、私の教えは、人類を救う教えとはならないはずです。

地域によって、いろいろな違《ちが》いはありましょうが、「人間として、なさねばならないこと」「人間として、求めねばならないこと」は同じであると考えます。

今日、私がみなさんにお話しすることは、ある意味で、「人間が人間であることの条件」です。「人間が人間として生きていくことが許される条件」と言ってもよいでしょう。それを、私は「真実への目覚め」と題しました。

それは、小さな意味では、みなさん一人ひとりの悟《さと》りでもあります。そして、大きな目で見れば、人類に共通する「悟りへの入り口」の話となるでしょう。

霊界《れいかい》の存在を知ることが悟《さと》りへの第一歩

次に述べることについては、おそらく日本人よりもブラジルのみなさんのほうが認識が進んでいると私は感じていますが、「地上だけが人間の住んでいる世界ではなく、霊界《れいかい》という大きな世界が、地球を包《くる》んで存在する」という事実を受け入れること、これが「悟《さと》りへの第一歩」となります。

この地上の世界を超《こ》えた世界に本当の世界があり、その世界があるからこそ、神や仏という存在もありうるのです。また、この世を去った世界、この世を卒業して行く世界があるからこそ、この世での魂《たましい》の修行が非常に大切な意味を持っているのです。

これに気づくことは極《きわ》めて大切です。これは、簡単なことではありますが、現代人にとって、地球の隅《すみ》から隅まで、あらゆる人に必要なことなのです。

現代の文明は、過去の文明に比べ、ずいぶん高度なところまで来ていると思います。その科学技術文明の高さが、先ほど述べた単純な真理を見失わせているとするならば、それは非常に残念なことです。

ここブラジルでは、見ていると、ヘリコプターが日本よりもよく飛んでいます。なぜ、これほど多く飛んでいるのかというと、「車で道路が渋滞《じゅうたい》している」ということもありますし、「飛んでいるヘリコプターのほとんどは、現金を輸送している。ブラジルでは犯罪が多いので、空中を飛んだほうが安全だ」という話も聞きました。

ただ、ヘリコプターが飛ぶ時代であったからといって、根本《こんぽん》の真理そのものが変わってしまうことはありません。

私は、たとえ、「分身」であったとしても、だいたい三千年に一回ぐらいしか、地上の人類の前に現れることはありません。したがって、私が説く法は、少なくとも三千年ぐらい後《のち》まで遺《のこ》さねばならないものなのです。そういう気持ちで、根本的な真理の簡単な姿を、みなさんに伝えていきたいと思うのです。

幸福の科学は、今から三十年近い昔に、霊天上界《れいてんじょうかい》からの霊示《れいじ》というかたちで始まりました。最初は自動書記で高級霊が言葉を降ろしました。その次には、霊言《れいげん》というかたちで、私自身の声帯《せいたい》を通して霊人《れいじん》が言葉を語るようになりました。そのあと、私自身の悟りも高まって、自分として法を説くようにもなってきました。

今年は、すでに二百数十回、説法をしています。いよいよ、宗教家としての自覚、そして救世主としての自覚が本物になってきたことを、自分自身が感じています。

弟子《でし》たちには、「地の果てまでも伝道せよ」と述べていますが、それを私自身も実践《じっせん》することによって、私が真実を語っていることを示しています。

日本の国の人々だけを救うのが目的ではなく、「世界の隅々の人にまで、この真理を宣《の》べ伝えたい」と、強く強く念願しているのです。

2 「正しい信仰《しんこう》」と「幸福の原理」

私は「仏陀再誕《ぶっださいたん》」の約束を果たした

「霊的《れいてき》世界が存在し、その霊的世界から、高次なる存在、高級なる存在が、この地上に教えを降ろしたがっている」ということが事実であって、「選ばれたる人を通して、その真理を地上に降ろす」というスタイルが、過去、繰《く》り返し、何度も取られてきました。

今回も、私を通して、数多くの高級諸霊が個性ある教えを伝えています。

そこで、今日は、特色のある、さまざまな教えのなかから、仏教的なるものを選んで、みなさんにお伝えしたいと思います。

このブラジルの地では、どちらかといえば、キリスト教が強い地盤《じばん》を持っているので、キリスト教的な教えを説いたほうが馴染《なじ》みやすいとは思いますが、それは、あさっての説法《せっぽう》（本書第５章）に譲《ゆず》り、今日は、仏教的な教えのほうに重点を置いて話をしましょう。

今から二千五百年前、私は、インドの地で八十年の生涯《しょうがい》を閉じるに当たり、「二千五百年の後《のち》に、アジアの東の国に生まれ変わって、また真理を説く」ということを、遺言《ゆいごん》として遺《のこ》しました。

そして、仏陀《ぶっだ》が入滅《にゅうめつ》して、ちょうど二千五百年目の一九五六年に、私は日本に生まれました。これは大きな意味のある年です。その年、アジアの仏教諸国では、「仏滅二千五百年」を大いに祝っていたのです。

私は約束を守りました。そして、二十四歳《さい》のときに悟《さと》りを開き、三十歳から宗教の具体的な伝道活動に入りました。

そのなかで、私が、みなさんに繰り返し教えなければならないと感じたのは、「人間の幸・不幸は、最終的には、この世を去った段階で判定される」ということです。

したがって、霊的世界のマスター（人類の教師）でもある私が人々に教えるべきことは、「この教えについていったならば、この世を去るときに、必ず、幸福な世界に還《かえ》ることができる」という道、そういう原理です。しかも、それをできるだけ分かりやすく単純なかたちで説き、多くの人に悟っていただくことが必要なのです。

天国に還《かえ》る人は「正しい信仰《しんこう》」を持っている

最初に述べたように、「霊界《れいかい》の存在の証明」も悟りの第一歩なので、非常に大事です。「霊界というものがあり、自分の本来の世界に還《かえ》る旅が、これから始まっていくのだ」と伝えることも大事です。

二番目に大事なのは、「今の自分の生き方が、来世《らいせ》、天上界《てんじょうかい》といわれる世界に通じる生き方であるのか。それとも、地獄界《じごくかい》といわれる世界に通じる生き方であるのか。これを自分自身で判断できるようになるよう、導かねばならない」ということです。

これに関して、基本的なポイントを述べます。

天国、つまり天上界に還る人の特徴《とくちょう》は何でしょうか。

もちろん、最も大切なのは、「正しい信仰《しんこう》を持っている」ということです。逆に、「正しい信仰を持っていない」ということは、「まだ人間として未熟である」ということを表明しているにほかなりません。

動物たちには信仰がありません。人間であることの条件、少なくとも、高級な人間であることの条件は、「正しい信仰を持っている」ということです。

それでは、正しい信仰とは何でしょうか。

その正しい信仰のなかにあるものとして、私は、今回、「幸福の原理」というものを教えています。「人間が幸福になるための原理」として、四つの道、「現代の四正道《よんしょうどう》」というものを教えてきました。これを「幸福の原理」と称《しょう》しています。

「幸福の原理」とは、「愛」「知」「反省」「発展」の四つの原理です。

愛の原理――他の人の幸福を喜ぶ

「愛の原理」においては、「人間は、ともすれば、人から愛を与《あた》えられることを求めるものであるが、それは、実は天国への道ではない」ということを教えています。

天国へ向かう道は、人から愛を奪《うば》うのではなくて、人に愛を与える道です。

「自分自身の損得や利害にかかわりなく、同じ時代に生きている他《た》の人々を愛する」ということです。

愛するとは、その人たちの素晴《すば》らしさを認めることです。「他の人も、人間として、幸福になる権利を持っている」ということを認めることです。

愛するとは、「自分自身ではない他の人が、素晴らしい人生を生きることを肯定《こうてい》する」ということです。「他の人が、幸福になり、笑顔になり、豊かになり、そして、正しい道に入っていく」ということを喜ぶ心を持つことです。

これが「愛の原理」です。

知の原理――この世とあの世に関する智慧《ちえ》を得る

二番目に説いている「知の原理」とは何でしょうか。

「知の原理」は、もちろん、現代的には、さまざまな世界観を理解するための知識も背景には持っていますが、そのなかの根本的な考え方は、「この世とあの世の関係を説明できるような智慧《ちえ》を獲得《かくとく》する」ということです。

すなわち、「あの世に持って還れるような、正確な人生知識と人生観を持つ」ということです。言葉を換《か》えて言うならば、「霊的なる人生観を持つ」ということです。

これは、どういうことでしょうか。

みなさんは、この世において仕事を持っています。家庭を持っています。人間として、生活のために行わなければならないことが毎日たくさんあるでしょう。

しかし、毎日の日常生活において、その忙《いそが》しさに取り紛《まぎ》れることなく、「自分は、霊的存在として、この世に生き、そして、いずれは、この世を卒業し、あの世の世界に旅立っていく」ということを、常に念頭に置いて生きていかなくてはなりません。

これは、言葉を換えれば、「『自分は、神、仏の目から見て、どうであるか。正しい生き方をしているかどうか』ということを見つめる目を持ちながら、日々を生きる」ということです。

そういう霊的人生観に裏打ちされた智慧や知力が「知の原理」です。

また、それは、さまざまな経験や知識を集め、この世を素晴らしく生きるための智慧にしていく力でもありましょう。

例えば、「霊言集《れいげんしゅう》という、高級諸霊の言葉のなかから、人生のヒント、生きるヒントを得る」ということでもありましょう。また、「私の説法のなかから、人生のヒント、生きるべきヒントをつかみ取る」ということでもありましょう。

こうした霊的人生観、神仏から見て正しいと思われる人生観を身につけることをもって、二番目の「知の原理」と称しています。

反省の原理――自分の間違《まちが》いに気づいて過去の罪を消す

三番目には、「反省の原理」を説いています。

これは、キリスト教世界では十分に説き切れてはいないと思うのですが、カトリックの教会等を見てみると、いちおう懺悔《ざんげ》の部屋があって、「自分の犯した罪を個人的に懺悔して、許しを請《こ》う」という儀式《ぎしき》はあります。

一方、当会では、「仏法真理《ぶっぽうしんり》に照らし、自分自身で、自分自身の考え方や、思ったこと、行《おこな》ったこと、言ったことが、はたして、正しかったか、正しくなかったかを、日々、反省しなさい」という教えを説いています。

この反省は、みなさんをいじめるためのものではありません。みなさんを幸福にするためのものなのです。

それは、どういうことでしょうか。

表面的には見えないかもしれませんが、みなさんの心のなかには、人生で経験したこと、思ったことや行ったことが、すべて、記録として残っているのです。そして、この地上を去り、あの世に還ったときには、映画館で上映される映画のように、みなさんは自分の一生を見せられるのです。

そのときには、みなさんを指導していた人、みなさんの亡くなった親や友達、先生だった人たちなども集まってきて、みなさんの人生を一時間か二時間ぐらいの長さに縮められたものを見ます。あの世で、その映画を、みなさん自身も見ますが、他の人も、それを見るのです。

そして、その映画を最後まで見終わったとき、みなさんは、「自分の人生は、正しかったか、間違《まちが》っていたか。成功したか、失敗したか」ということを、自分で判断できるようになります。また、他の人々の反応を見ても、それが分かるのです。

そのあと、みなさんは、「天国に行くか、地獄に行くか」ということを、自分自身で決めることになります。自分にふさわしいコースを選ぶことになります。天国には、いろいろな道がありますが、地獄界にも、いろいろな道があります。自分の魂《たましい》の修行にとって最も適した所に赴《おもむ》くことになるのです。

例えば、理由なく、また、正義や法律の名の下《もと》でなく、個人の感情に基づ《もと》いて、人の命を奪ったり、人に暴力を加えたりして、他の人を害した人たちには、当然、来世《らいせ》でも反省の道が待っているわけであり、そういうことをした人たちが集まっている世界に行くことになります。

そして、自分と似たような人たちを数多く見ながら、彼らと一緒《いっしょ》に生活しているうちに、やがて、鏡を見ているかのごとく、他の人の姿のなかに自分の姿が見えてきます。自分と同じように、拳銃《けんじゅう》で多くの人を殺した人たちと一緒に生活をしていると、他の人の姿を見ても、鏡を見ているように、自分の醜《みにく》いところが、はっきりと見えるようになるのです。

そのように、来世では、その人の魂の傾向《けいこう》として最も強く出ているものと、同じような傾向が表れている人たちが集まっている世界へ行くことになります。

したがって、私が、みなさんに、「今世《こんぜ》、生きているあいだに、仏法真理に基づいて反省をしなさい」と言っていることは、ある意味では、言葉を換えて言えば「救いの原理」なのです。

来世、あの世に行き、地獄に堕《お》ちて、それを反省するのではなく、今、それを、自分自身が仏法真理に照らし合わせて反省することによって、自分で自分を救うことができるのです。

そして、そういう方向に努力している人には、天上界の如来《にょらい》や菩薩《ぼさつ》、天使たちも、救いの手を差し伸《の》べてくれるようになります。救いの光が降りてくるのです。

みずからが努力し、自分を変えていこうとしている人に対して、天上界の諸霊も、救いの手を伸ばしてくれるようになるわけです。

そういうことがまったくないにもかかわらず、一瞬《いっしゅん》にして救われることは、めったにあることではないのです。それを知ってください。本人自身が自覚しなければいけないのです。

多くの宗教には、その教えを簡単に広げるために、簡単に救われるような教えを説くところも多いのですが、やはり、「個人個人が、たとえ小さくとも、自分自身の本来のあり方を悟る」ということが大事なのです。

これが反省の教えです。これは、「自分が自分自身を救う」ということです。

そして、反省をすることによって、過去に犯した罪が消えるのです。罪は、キリストを信ずることによってのみ消えるのではなく、自分自身で自分の間違いに気づき、反省することによって、消すことができます。心のなかの記録が変わっていくのです。

来世、あの世に還り、人生ドラマを映画で見るときには、みなさんが、折々に、自分の犯した間違いを反省しているシーンが映ります。そのシーンが映ったときには、それを見ている他の人たちが、「やっと気づいたか。よかったね」ということで、拍手《はくしゅ》を送ってくれるようになります。

これが「反省の原理」です。

発展の原理――仏国土《ぶっこくど》ユートピア建設のために生きる

最後に、四正道の四番目として、「発展の原理」があります。

これは、「自分一人の悟り、自分一人の幸福にとどめることなく、世の人々、自分と同じ社会や国に住んでいる人々、また、他の国に住んでいる人々の幸福のためにも、何らかの努力をせよ」という教えです。

すなわち、「この地上に仏国土《ぶっこくど》ユートピアを建設するために、少しでも努力しようとせよ。そういう、積極的で建設的な、夢のある考え方を持って生きなさい」という教えが「発展の原理」なのです。

3 「四正道《よんしょうどう》」は全世界に共通する教え

「愛」「知」「反省」「発展」という四つの教えを守って生きているかぎり、みなさんは必ず天上界《てんじょうかい》に還《かえ》ることができます。それは、何らかの他力によって救われるということではなく、自分自身で天上界に還ることができるようになるのです。

この「四正道《よんしょうどう》」を常に心に抱《いだ》いて、毎日を生きていただきたいと思います。

そのなかにあって、「やがて、本来の世界が自分を迎《むか》え入れるのだ」ということを常に考え、神の目、仏の目を忘れることなく生きることが大事なのです。

人間は、このようにして、自分自身を変え、自分自身をつくり、自分自身の未来を夢のあるものに変えていくことができるからこそ、神の子であり、仏の子であると言われるのです。これを、「神性《しんせい》」や「仏性《ぶっしょう》」という言葉で称《しょう》します。

したがって、私は、「みなさんのなかに、現在、もし悪《あく》なるものや心の曇《くも》りがあったとしても、本当は、みなさんのなかには、神の子、仏の子としての自覚があるのだから、それが目覚めたときには、自分で自分自身を救う力が出るのだ」ということをお教えしたいのです。そして、「その自覚を促《うなが》すことが私の仕事でもあるのだ」と述べたいと思います。

悪霊《あくれい》に憑依《ひょうい》されている人が、こうした悟《さと》りを開くことによって、その悪霊が取れ、病気が治ることもあります。私が、その病気を治しているわけでも悪霊を取っているわけでもありません。みなさん自身が、自分の心を照らすことによって、悪なるものを自分から追い出すことができるのです。

みなさん一人ひとりが「自分自身を救う力」を持っています。これを強く信じていただきたいと思います。

今日は、幸福の科学の基本的な教えとして、「正しき心の探究」と、その具体的な方法としての「四正道」、すなわち、「愛」「知」「反省」「発展」の四つの原理についての話をしました。

最小限の教えを手に入れようとするならば、ここに集約して教えを求めてください。この教えを他の人に伝えてくだされば、最低限、幸福の科学の言おうとしていることは伝わります。その意味で、これは非常に基本的で大事な教えであり、全世界に共通する教えであると思っています。

第5章

愛と天使の働き

［2010年11月14日　サンパウロ市・クレジカードホールにて］

1 「不惜身命《ふしゃくしんみょう》」の覚悟《かくご》で臨《のぞ》んだブラジル巡錫《じゅんしゃく》

「神の心、天使の心とは何か」を理解してほしい

一週間前にブラジルに来まして、これが五回目の説法《せっぽう》です。日本を出るときには三回の予定だったのですが、五回に増やすことができました。これもブラジルのみなさんの信仰《しんこう》の賜物《たまもの》であると、心より感謝しています。どうもありがとうございます。

今回は五回連続の説法の最終回なので、外部の大きな会場を使い、愛に関する話をさせていただきます。なぜかというと、「このブラジルという国には、キリスト教のカトリックの信仰を持っている人が、人口の八十パーセントほどいる」

とのことなので、最終回の法話《ほうわ》のメインテーマとしては、「愛」がふさわしいのではないかと考えたからです。

本日、私がみなさんにお話ししようとしているのは、簡単に言えば、「神の心、天使の心とは何であるか」ということです。それを、この世の目ではなく、天上《てんじょう》界《かい》の目でもって見て、「神の心、天使の心」の一端《いったん》でも、みなさんが理解してくだされば幸いであると考えています。

私は「天上界《てんじょうかい》のすべての光と智慧《ちえ》と愛」を代弁している

今日は、この会場に来る前に、今から二十三年前の一九八七年に私が行《おこな》った、「愛の原理」という題の講演のDVDを見ていました。

そのなかで、私は、すでに、「このユートピア活動は、二十年後には、海を越《こ》えて世界各地に広がっていくでしょう。必ず、そうなるでしょう。さらには、宗教的思想を超《こ》え、それ以外のものをも含《ふく》んで、大きな大きなうねりになっていくでしょう」というようなことを言っていました。

当時、私はまだ三十一歳《さい》でしたが、東京にある千人ほどの会場で話をしたのです。今から二十三年前の説法ですが、現時点で見ても、「将来、起きるべきこと」について、きちんと話をしていたように思います。

今回、私は海を越えてブラジルまで来ています。ブラジルは、日本からは、ちょうど地球の反対側に当たります。私は弟子《でし》たちに、「地の果てまでも伝道せよ」と言っていますが、私自身も世界の果てまで伝道するつもりでいるのです。

日本語では、身命《しんみょう》を惜《お》しまないことを「不惜身命《ふしゃくしんみょう》」といいますが、私は、いつ死んでもよい覚悟《かくご》で、この仕事をやり続けています。

少々大げさな言い方になることをご容赦願《ようしゃ》いたいと思うのですが、今回、ブラジルに来るに当たっても、私は、「ブラジルで死んでも構わない」と思って、やってきました。そのため、こちらに到着《とうちゃく》した当日から説法を開始しました。これが私の気持ちです。

私は天上界《てんじょうかい》のすべての「光と智慧《ちえ》と愛」を代弁している存在です。私が、この地上に下りることができるのは数千年に一回です。したがって、その機会を逃《のが》したくないのです。一人でも多くの人たちに真理の言葉を伝えたいのです。

今から二千年前や三千年前、四千年前であったならば、交通機関が発達していなかったので、伝道に苦労しました。しかし、今は、たとえ時間は丸一日かかるとしても、地球の裏側まで来ることができるようになりました。とてもとても、ありがたい時代です。

「生きているうちに、ブラジルのみなさんに対して直接に話ができる機会を得た」ということは、この上なく光栄なことであると思っています。

今、ブラジルでは、傑出《けっしゅつ》した活動がなされている

ブラジルのみなさんにとって、日本は、地球の裏側の国であり、みなさんが使っている世界地図では、おそらく、端《はし》のほうにあって、よく見えない小さな島だと思います。そこで説かれている教えを、地球の裏側で信じるのは、たいへん難しいことでしょう。それを考えると、私は頭が下がる思いでいっぱいになります。

私の著書は、ブラジルでは、まだ十冊程度しか翻訳《ほんやく》されていません。今年一年（まだ十一カ月たっていませんが）、日本国内で発刊された私の著書は、書店売りのものだけで五十冊を超えています。それだけの数の本が、日本では次から次へと出ているにもかかわらず、言葉の壁《かべ》があって、それがみなさんのところに届くまでには大変な時間がかかります。

そのわずかな教えのなかから、私の言わんとすることの本質をつかみ取り、い

ち早く信仰の道に入ってくださったみなさんには、心から感謝したいと思います。

また、今、幸福の科学の信仰を持っている人のいる国は、全世界で七十数カ国ありますが、そのなかでも、ブラジルでは、傑出《けっしゅつ》した活動がなされています。

私は、「ブラジルで最初に幸福の科学に集まったリーダーたちは、非常に優《すぐ》れた魂《たましい》の持ち主である」と信じています。

それと同時に、「この国には、まだ、宗教をよきものとして理解できる心清き人たちが、数多く住んでいるのだ」ということを確信しました。

私の住んでいる日本という国は、この世的には、たいへん発展しており、科学技術や経済、その他《た》、マスコミや政治の面など、いろいろな面で進んではいますが、残念ながら、今、宗教の面、信仰の面では、かなり衰退《すいたい》し、後《おく》れをとっています。みなさんの純粋《じゅんすい》な信仰心を日本に持って帰り、ぜひ日本の人たちに伝えたいと思っています。

ただ、私が、宗教家として、このサンパウロの地に来て、一週間のあいだに感じたことを、率直に述べると、「この国は、宗教を尊重する国ではあるが、まだまだ、その宗教は完全なものではない」と思います。また、信仰のなかにも、本当に人々を幸福にし切れるものは、そう多くはないと感じられます。

特に、私が強く感じていることは、今日の演題とも関係しますが、愛の問題なのです。このことについて、深く話をしてみたいと考えます。

2 嫉妬《しっと》は自分の理想像の否定

「愛」の対極にあるのは「嫉妬《しっと》」である

愛の対極にあるものは何でしょうか。

通常、「愛の対極にあるものは憎《にく》しみだ」と言われることが多いでしょう。しかしながら、私は、「愛の対極にあるものは、実は、憎しみではなくて嫉妬《しっと》である」と感じています。

例えば、家庭が崩壊《ほうかい》する場合を見ても、憎しみによって崩壊するのではなく、嫉妬によって崩壊することが数多くあります。また、人間関係が壊《こわ》れる場合を見ても、憎しみによって壊れるのではなく、嫉妬によって壊れていくことが数多くあります。

ブラジルは、都市部では大いなる発展をしているように見えますが、まだ貧富《ひんぷ》の差も激しく、「貧しい人たちを、どうやって救済するか」ということが政治の大きな課題になっていると聞いています。おそらく、それは大変な仕事でしょう。

しかし、私は、みなさんに述べたいのです。これは根本《こんぽん》にかかわることです。

愛の対極にあるものは嫉妬です。

したがって、これから、「嫉妬の最も危険な面、最も、ほめられない面は何であるか」ということを述べておきたいのです。

今、ここで、私が嫉妬の話をするのは、ブラジルに来て何回か説法《せっぽう》と質疑応答をしてみて、「嫉妬の問題で苦しんでいる人がいるらしい」ということを知ったからです。

嫉妬《しっと》を感じる相手に対して「祝福の心」を持つ

人間は誰《だれ》に対しても嫉妬《しっと》をするわけではありません。そうではなくて、自分が最も強い関心を持っている方面で優秀《ゆうしゅう》な人に嫉妬心を持つのです。

例えば、みなさんが「サッカーの選手になりたい」と強く願っていれば、自分よりサッカーの上手な人を見ると、嫉妬を感じます。しかしながら、「サッカーの選手になりたい」と思っている人が、柔道《じゅうどう》の選手を見て嫉妬することは、あまりないのです。

同じように、「お金が欲《ほ》しい」と強く願っていると、お金持ちは嫉妬の対象になるでしょうし、「異性から愛されたい」と強く願っていると、異性から愛されている人に対して嫉妬の心が湧《わ》いてくると思います。

そのように、第一段階として、「愛の対極にある嫉妬は、本当は、自分がなりたい理想像、自分が『あのようになりたい』と願う理想像を打ち壊そうとする、心の作用である」ということを知らなければなりません。

本当は、表面意識下では実現を願っているにもかかわらず、目標になるべき方向にいる人に嫉妬することによって、みなさんは、その方向に進むことができなくなるのです。なぜならば、みなさんには、嫉妬をしている対象に対して、必ず、批判をし、悪口《わるぐち》を言い、その人の欠点を指摘《してき》するようになる傾向《けいこう》があるからです。

ここは大事なところです。みなさんが心に感じる嫉妬が、「本当は、この人のようになりたい」と思う人に対するものであることを、素直《すなお》に認めることができたならば、嫉妬の心を抑《おさ》えて、逆に祝福の心を持っていただきたいのです。祝福の心は、「かくありたい」と願う心です。祝福の心は「肯定《こうてい》の心」です。

「他の人の幸福を願う心」なのです。

その心を持っていれば、みなさんは、自分が祝福している人の方向に向かって、人生を歩んでいくようになるのです。

例えば、みなさんが、勉強に関心のある勉強熱心な人であるとしましょう。

そして、勉強のできる人に対して嫉妬心を持ったとしても、露骨《ろこつ》に嫉妬して、その人のことを悪く言うのではなく、その人に対して、「よく頑張《がんば》ったね。素晴《すば》らしい人だね。あなたは立派だね」ということを、努力して言えるようになったとき、みなさんは、その人のほうへ向かって、一歩、二歩と近づいていくようになるのです。

「嫉妬というものは、実際には自分の理想像を否定しているのだ」ということを、よくよく理解していただきたいと思います。

また、最も嫉妬が集まりやすいのは、お金に関することでしょう。裕福《ゆうふく》な人を見れば、嫉妬の心が湧いてきます。その嫉妬の心は、さらに増幅《ぞうふく》されてくると、憎しみになってきます。憎しみが、さらに増幅されてくると、攻撃性《こうげきせい》になってきます。そして、犯罪がはびこるようになってくるのです。

しかしながら、「自己実現ができないことで反社会的行為《こうい》や破壊活動をすることは、それによって自分の夢を打ち砕《くだ》いているのだ」ということを知らなくてはなりません。

お金持ちと友達になりたければ、祝福の心を持つことです。彼らを祝福し、「彼らのようになりたい」という気持ちを持ったときには、その裕福な人たちは心を開いてくれます。そして、貧しい人たちの友達になってくれます。さらには、

「どうすれば経済的に成功するか」ということを教えてくれるようにもなります。人は、「自分を祝福してくれる人と友達になりたい」という気持ちを持っているのです。それを忘れてはなりません。

「この世の中をよくしたい」と願うのであれば、不幸な人を増やすのではなく、「幸福な人を増やそう」という気持ちを大切に育てていかなくてはならないのです。まず、それを知っておいてください。

3 地獄霊《じごくれい》の憑依《ひょうい》の原因

なぜ智《ち》天使ルシフェルが地獄《じごく》に堕《お》ちたのか

今からはるかなる昔に、七大天使の一人であり、「智《ち》天使」とも「暁《あかつき》の子」

「夜明けの子」とも呼ばれていた、「ルシフェル」という天使が、地獄界《じごくかい》に堕《お》ちて悪魔《あくま》になりました。

それは神への嫉妬《しっと》が原因だと言われています。その堕《だ》天使は、もともとは、光り輝《かがや》く、智慧《ちえ》溢《あふ》れる、美しい天使でした。しかし、みずからが神になれないということで、神に対する嫉妬を抑《おさ》えることができなかったのです。

彼は、地上に生まれ、「サタン」という名で人生を送りましたが、そのときに、権力欲や物質欲、支配欲、他の人への攻撃《こうげき》等を通して、心を真っ黒にし、天上界《てんじょうかい》に還《かえ》ることができなくなりました。

天使が最初に地獄に堕ちた原因は「嫉妬」であったのです。

その堕天使にとって、神は理想像であったはずなのです。彼は神のごとくなりたかったはずなのです。そうであるならば、神に嫉妬するのではなく、神が持っている、さまざまな性質、さまざまな願い、さまざまな活動などを学び、そのまねをして、その方向に自分の理想像を描《えが》かなければならなかったと思います。

しかし、ルシフェルは嫉妬によって地獄に堕ちました。しかも、単に、地獄に堕ちて自分一人が苦しんだだけではありません。その当時、人間として生きて悪をなした者たちが、浅い地獄界をつくり始めていましたが、この堕天使ルシフェルは、サタン、悪魔として地獄界に下《お》りて以降、天上界に向かって戦いを挑《いど》み始めたのです。

この戦いとは何でしょうか。彼らは、天上界にいる人霊《じんれい》に対して手を出すことはできません。しかし、彼らは、「人間が地上に生きているあいだは、どちらかといえば、天上界よりも地獄界のほうに似た波動、波長を出している」ということに気がついたのです。

そのため、地獄界の波動、波長を持って生きている人間を見つけては、そういう人間に、いろいろな悪霊を次々と取り憑《つ》かせて、その人間に破滅的《はめつてき》な人生を送らせ、その人が死んだあとは地獄界に引き入れていきました。こうして、地獄界の人口を、どんどん増やしていったのです。

他の人への嫉妬心《しっとしん》は地獄霊《じごくれい》を呼び寄せる

地獄《じごく》という世界は、たいへん厳しく苦しい所です。そして、暗い所です。決して、楽しく明るい世界ではないのです。

地獄霊たちは、少しでも、その苦しみから逃《のが》れて楽をするために、この地上界に出てきて、自分と同じような傾向《けいこう》を持っている人間、自分と同じような憎悪《ぞうお》や怒《いか》り、嫉妬《しっと》の心などを持っている人間に取り憑きます。そうしているあいだ、彼らは、人間として生きているような気持ちを味わうことができるのです。それが目的で彼らは地上に出てきて、地上の人間に憑依《ひょうい》し、人々を狂《くる》わせていくのです。

みなさんのなかにも、他の人の不幸を見て喜ぶ気持ちが多少はあるでしょう。

まったくないとは言わせません。他の人々の不幸や失敗を見て、それを喜ぶ気持ち、ほっとする気持ちが必ずあるはずです。それが実は地獄霊との接点なのです。この「他の人の不幸や失敗を見て喜ぶ気持ち」のところに縄梯子《なわばしご》を掛《か》け、地獄から這《は》い上がってくるものがいるのです。

そういうものが取り憑くと、あるときには、さまざまな病気を起こし、あるときには、人間関係を不調和にし、あるときには、会社の事業などを破滅的な状態に落とし込《こ》み、あるときには、詐欺師《さぎし》のような人間を信じさせて、身の破滅を招かせるようになります。また、家庭のなかに悪霊が入り込むと、家庭内で不和が起きてくるようになるのです。

その出発点は、他の人に対する嫉妬心や、他の人の失敗を見て喜び、少しでも自分の不幸が減ったように感じる心です。こういう情けない心が、実は地獄霊を呼び込んでいるのです。

4　心を常に神の方向に向けよ

天使たちは、日夜、活動している

みなさんに地獄霊《じごくれい》が掛《か》けている縄梯子《なわばしご》を切って外《はず》す方法は、それほど難しいことではありません。

それは、他の人の失敗を見ては悲しみ、「それを助けたい」という気持ちを持つこと、すなわち慈悲《じひ》の心です。また、他の人の成功や幸福を見たら、それを祝福しようとする気持ちを持つことです。こういう気持ちを持つことによって、地獄界の悪霊《あくれい》たちは、みなさんに取り憑《つ》くことができなくなるのです。

悪霊が取り憑くと、いつも、体は重く、気分は優《すぐ》れません。常時、そういうものに取り憑かれると、ウツの状態が続き、人生が何事も暗く見えます。未来が真っ暗に見え、先行き、よいことは何一つないように見えるのです。日々、いろいろな出来事が起きますが、悪いことには激しく反応し、よいことには少ししか反応しないような自分になっていくわけです。

どうにかして、この悪循環《あくじゅんかん》を断《た》ち切らなくてはなりません。

そのためには、心を、地獄に堕《お》ちた悪魔《あくま》のほうにではなく、神の方向に向けていただきたいのです。心を常に神の方向に向け、天使たちの働きに向けることが大事なのです。

信仰《しんこう》人口の多いブラジルであっても、神や天使の姿を実際にその目で見た人は数少ないであろうと思います。

しかしながら、天使たちは、日夜、活動しています。数多くの人々を助けようとしています。悪霊に憑依《ひょうい》されている人にも、善なる心を教え、その悪霊から引き離《はな》そうとして努力しています。正しい信仰に入《はい》るように導こうとしています。

そして、そういう人を導ける人を友達にするように、一生懸命《いっしょうけんめい》、努力しています。

天使たちは、休むことなく、日々、そういう努力を行っているのです。

ところが、みなさんは、その天使の姿を、その目で見ることは、おそらく、ほとんどできないでしょう。「天使の活動を見ることができない」ということは、「天使たちは、日々、人々を救う活動をしていても、人々から感謝されてはいない」ということなのです。それは、目に見えない働きであるからです。

そうした「目に見えない善意」が、みなさんを包《くる》み、救おうとしているのですが、みなさんに気がついてもらえることは、本当に数少ない機会しかないのです。

みなさんは、たまに、夢のなかで天使の姿を見たり、天使の声らしきものを聞くこともあるでしょう。宗教修行《しゅぎょう》のなかでは、そういう瞬間《しゅんかん》も、たまにはあります。

ただ、天使たちの日々の活動は、九十九パーセント以上、みなさんに感謝されることもなければ、気づかれることもありません。

しかし、どうか、信仰によって、神や天使への感謝の心を持っていただきたいのです。

いかなる悪魔《あくま》も神に勝つことはできない

地獄界ができ、悪魔《あくま》が神に戦いを挑《いど》み続けていますが、悪魔の領域は、この地上界までにしか及《およ》んではいません。

この世の人たちは、ともすれば、「天国と地獄」「神と悪魔」というかたちで、ちょうど拮抗《きっこう》する勢力のように二分法的に考えがちなのですが、私の著書の『太陽の法』や『永遠の法』などに書いてあるように、実際の世界は、そのようにはなっていないのです。

あの世の世界は、天上界《てんじょうかい》が圧倒的《あっとうてき》に大きな世界なのであり、地獄界は、この地上に関係した世界にすぎません。

ちょうど、川に例えると、大きな川の下流で、海に接していて海水と真水《まみず》が混ざっているような所が地獄界であり、その川の上流が天上界です。その力の差は圧倒的なものなのです。神に対抗できるような悪魔など存在しません。まず、それを強く信じ、知っていただきたいのです。

神と悪魔は対等ではありません。また、天上界と地獄界も対等な世界ではないのです。「地上にかかわる、ほんの一部分の世界、地上の悪と関連する一部分の霊界のみが、地獄界として存在しているのだ」ということを忘れないでいただきたいのです。

いかなる悪魔も神に勝つことはできないのです。なぜならば、神は光だからです。神は圧倒的な光です。光に勝てる闇《やみ》はありません。闇は、光が射《さ》さないところにのみ存在するのです。

一方、闇は実在ではありません。光が射せば闇は消えるのです。闇を「実在だ」と思っている、その考えは間違《まちが》いです。目の錯覚《さっかく》です。それは、「光の当たらない部分がある」というだけのことです。光を妨《さまた》げるものがあるならば、それを取り去ることが重要です。

光を妨げているものを取り去ることこそ、信仰であり、宗教修行であり、また、精進《しょうじん》なのです。

あらゆる悪は光には勝てません。光に勝てる悪は、この世に存在しないのです。例えば、太陽の光は、極《きわ》めて強い光です。太陽の光に勝てるものはありません。しかし、その太陽の光でも、手をかざしただけで簡単に影《かげ》ができます。薄《うす》いボール紙一枚でも太陽の光を遮《さえぎ》ることはできます。ただ、それによってできた影は、決して、太陽の光と互角《ごかく》に戦えるようなものではないのです。そのことを知ってください。

これが信仰における勇気です。「神に抗《あらが》える、神に戦いを挑んで勝つことができる悪魔など、この地球には存在しない」という事実を、強く知っていただきたいのです。

正義も「神の愛」の一部である

神は、七十億人という、この地球の多くの人々を救うために、数多くの天使たちが、休むことなく、毎日、働くことを望んでいます。天使たちは昼も夜も休みなく働いています。

昼と夜が分かれているのは、この地上の世界だけです。天上界には夜がなく、天上界の霊には、「眠《ねむ》る」ということがありません。天使たちは、二十四時間、三百六十五日、働き続けています。

そうした数多くの天使たちが、神の僕《しもべ》となって、この世の不幸を減らすべく、日々、努力しています。不幸な人たち、悲しみのなかにある人たちを慰《なぐさ》めようとしています。

また、一方では、彼らは、「人々を不幸にし、闇の世界に連れ去ろうとしている人たち」に対して、厳しく指導もしています。

愛のなかには甘《あま》い愛だけがあるのではありません。愛のなかには優《やさ》しさがあります。優しい愛が基本ではあります。しかしながら、間違った者に対しては、その間違いを「間違いである」とただすこともまた愛なのです。

つまり、「正義」という名で呼ばれているものも愛の一部です。神の愛が、この地上に実現されていくとき、それが、「正義」という名で呼ばれることもあるのです。

また、「適切な指導者を選んでいく」というのも大事なことです。適切な指導者は、ときには、みなさんを厳しい言葉で指導することもあるでしょう。それもこれも、みなさんを、悪の道、悲しみの道から遠ざけ、幸福の道へ、善の道へと誘《いざな》いたいからなのです。

「愛のなかには、指導者としての愛、すなわち、一定の厳しさをも含《ふく》み、人々を指導しようとする、智慧《ちえ》を含んだ愛もまたあるのだ」ということを知っていただきたいと思います。

5　この地上で天使の働きを

私は、「愛の対極にあるものは、憎《にく》しみではなく嫉妬《しっと》である。実は、それが、七大天使の一人であるルシフェルが地獄界《じごくかい》に堕《お》ちた理由でもある。すなわち、地獄界が拡大していった第一の理由は嫉妬にある」ということを述べました。

しかし、嫉妬の表れのなかには、明らかに、「憎しみ」「憎悪《ぞうお》」と言われるものもあると思います。その憎しみ、憎悪は、他に対する破壊的《はかいてき》活動など、目に見える悪なる行為《こうい》として表れることもありましょう。

しかし、私は、今、みなさんに言いたいのです。

かつて、イエスは、「先生、いったい何回、人を許したらよいのですか。七たび許せばよいのですか」と弟子《でし》に問われたとき、「七の七十たび許せ」と言ったはずです。「七の七十たび」とは四百九十回に当たります。

みなさんにも、憎い人はいるかもしれません。嫌《きら》いな人はいるかもしれません。その人を、四百九十回、許したことがありますか。ないでしょう。しかし、私は、それ以上のことを言いましょう。

憎しみに対し、愛をもって接せよ。

憎しみに対し、愛の大河でもって、その憎しみを押《お》し流していけ。

圧倒的《あっとうてき》な善念でもって、圧倒的な愛でもって、ささやかな憎しみや怒《いか》り、嫉妬の小川を押し戻《もど》していただきたいのです。それが、おそらく、この国が希望に満ちる未来を持つための条件でもあると思います。

真なる愛は、希望をもたらします。真なる希望は、繁栄《はんえい》をもたらします。真なる繁栄は、あなたがたに、真なる自由をもたらします。真なる自由は、あなたがたに、「真理とは何であるか」ということを、百パーセント教えるようになるでしょう。


あなたがたは、真理の子であってほしい。

あなたがたは、希望の子であってほしい。

あなたがたは、繁栄の子であってほしい。

あなたがたは、善の子であってほしい。

そして、何よりも、あなたがたは、神の子であってほしい。


そう、私は強く強く願うものです。

そして、神の子である、あなたがたの目指すべき道は何でしょうか。

あなたがたもまた、天使の一人として、この地上を浄化《じょうか》するために、この地上をユートピア化するために、日々の努力を惜《お》しまないでほしいと思うのです。

私は、はるか二万キロを越《こ》え、空の旅を二万キロも続けて、このブラジルの地に降り立ち、五度の説法《せっぽう》を行いました。これが最後の説法、最終回の説法です。

どうか、よく聴《き》いてください。

私が、ここに来たのは、あなたがたに天使になってもらいたいからです。

あなたがたにも、この地上で天使の働きをなしていただきたいのです。

この地上でなした働きは、霊界《れいかい》における修行《しゅぎょう》の十倍以上に相当します。

地上の人間は、天上界《てんじょうかい》を見ることも、神の姿を見ることも、地獄界を見ることもできません。そうした、本当は見ることのできない世界を、信仰《しんこう》のみによって知り、神への道を歩んでいる、あなたがたこそ、日々の精進《しょうじん》のなかで天使になっていただきたい存在なのです。

どうか、その方向で、日々、智慧《ちえ》を磨《みが》き、努力・精進してくださることを、心から願ってやみません。

Muito obrigado.〔ムイト・オブリガード（どうもありがとうございました）〕

第6章

ブラジル人信者との対話

1 「アンチキリスト」について

【質問】

『新約聖書』には、「アンチキリスト（反キリスト）が出て人を惑《まど》わす」ということが書かれているのですが、この「アンチキリスト」とは、どういうものなのでしょうか。

「アンチキリスト」という考え方は異端排除《いたんはいじょ》にも使われた

「アンチキリスト」について、考え方は、いろいろあるでしょうが、キリスト教の教会の二千年の歴史を振《ふ》り返ってみると、「自分たちの考え方に合わない意見が出てきたときには、アンチキリストという考え方を使うと非常に便利である」という面はあったのではないかと思います。

その意味で、「最初の教えを維持《いじ》する」ということにおいては、その考え方には有効な面もあるかもしれません。

ただ、時代が変わっていくときには、当然ながら、人を救う方法も変わっていかなくてはならない面があります。イエス以後も、新しい宗教が次々と出てきていますが、それらがすべてキリストの考え方に反するとは私は思っていません。

例えば、キリスト教では、いろいろな霊界《れいかい》思想が出てきたのですが、それらは、ことごとく、異端《いたん》思想として排除《はいじょ》されていきました。

しかし、生前のイエスは霊的な話もかなりしています。それは、今遺《のこ》っている『聖書』のなかにも、いろいろなところに出ています。例えば、イエスが悪霊を追い出したりする記述は数多く出てきています。また、イエスは、「自分の前に、エリヤは、すでに来たのだ」とも言っています。これは、「バプテスマのヨハネが、ユダヤの預言者エリヤの生まれ変わりのような立場で出た」ということを言っているのです。

『聖書』に遺っているイエスの言葉から見ても、霊的な能力や、「あの世から、この世に生まれてくる」という思想は窺《うかが》えるのですが、教会が『聖書』を編集していく過程において、かなり整理をしたものと思われます。

キリスト教の歴史には確かに異端のものもあったとは思いますが、他《た》の世界宗教のなかには、それと共通する思想を持つものも数多くあるので、玉石混交《ぎょくせきこんこう》というか、正しいものも間違《まちが》ったものもあったであろうと考えられるのです。

最終的な判断基準は、その木が結ぶ果実しかない

「その教えが正しいか間違っているか」ということを判断する基準は、イエス自身が言った言葉そのもののなかにあると私は思います。それは、「よい木かどうかは、どのような果実を結ぶかによって判断する以外にない」ということです。それで判断すればよいのです。

その教えを信じる人たちが、おかしくなっていくなら、その教えを説く人はアンチキリストかもしれませんし、その教えを信じることによって、人々が、正しい道に入《はい》り、正しい信仰《しんこう》に入り、繁栄《はんえい》への道に入っていくならば、その果実は、よいものだと考えることができると思います。

これは宗教だけに限ることではなく、一般《いっぱん》の企業《きぎょう》でも同じですが、やはり、よ

り多くの人に支持されなければ、よいものとして認められることはありません。
最終的な判断基準としては、それ以外にないと私は考えています。

2　肉食は是《ぜ》か非か

【質問】　ベジタリアン（菜食主義者）ではなく、肉食をする人は、間違《まちが》っていないのでしょうか。

動物だけではなく植物にも魂《たましい》が宿っている

この質問をブラジルの人に答えるのは、非常に厳しいものがあるのではないかと、私は思っているのです。ブラジルの人々を見ていると、「ベジタリアンになりなさい」と言われたら、すぐに死んでしまいそうな人が大勢いました。おいしい肉をかなり食べているのだろうと思います。

近代の哲学者《てつがくしゃ》デカルト以降、欧米型《おうべいがた》の宗教のなかには、霊魂《れいこん》と肉体とを分けて考える考え方があります。また、「霊魂は人間だけに宿っていて、動物には宿っていない」という考え方が長く続いているのです。そのため、肉を食べる人は、「動物には魂《たましい》が宿っていない」と考えている場合が多いのです。

ところが、インドなど、東洋のほうでは、「動物にも魂は宿っている」という考え方を持っています。特に、インドの古い考えでは、「魂は、人間に生まれたり動物に生まれたりする」と考えています。

私は、基本的に「人間は人間の霊だ」と考えていますが、人間よりレベルは下《さ》がるものの、動物にも魂は宿っていて、喜怒哀楽《きどあいらく》レベルの感情を持っています。

その意味では、「動物には魂が宿っていないから食べてもよい」という思想は、必ずしも正しいとは言えないのです。

では、ベジタリアンならよいのでしょうか。実は、植物にも、かわいいかたちではありますが、ささやかな魂は宿っているのです。

植物は、動物のように激しく動くことはできませんが、長時間、ビデオカメラで撮影《さつえい》し、それを高速で再生すると、植物も、ゆっくりとではありますが、やはり動いていることが分かります。彼らも生きているのです。

植物であっても、喜びを感じます。例えば、暑い日が続くときには、雨が降ると喜びますし、曇《くも》りの日が続くときには、太陽の光が射《さ》してくると、やはり喜んだりするのです。つまり、単純な意味での喜びや悲しみは植物にもあるわけです。ただ、そういうことだけを言うと、人間は、そもそも動物も植物も食べられなくなって、生きていくことができません。そうであるならば、神がこの世に人間を創った意味がなくなってしまいます。

あとは岩石でも食べるしか方法がありません。ところが、実は鉱物も生きているのです。植物よりももっと緩《ゆる》やかですが、何千万年、何億年の月日をかけて、ゆっくりと結晶《けっしょう》をつくっています。彼らも、実は、長い長い人生を生きています。

この世にあるものは、すべて命を持っているのです。

食料となる動植物に感謝し、彼らの尊い命を活《い》かしていこう

「あるものを、食べるか、食べないか」というようなことは、文化によって違《ちが》いはあると思いますが、「ベジタリアンか、ベジタリアンでないか」というよう

な区別だけでは駄目《だめ》です。その考えだけでは十分ではないと私は思っています。地球に住む生き物として、人間が最高レベルの魂を持っていることは、間違いありません。そして、人間は他の動物や植物を食べます。それは動物や植物にとっては気の毒なことではあります。しかし、別の目から見れば、彼らは人間の魂修行、人生の経験を助ける役割をしているわけです。人間に食べられることによって彼らは犠牲《ぎせい》にはなりますが、それには、「人間の魂修行を助けている」という尊い修行をしている面があるのです。

したがって、人間のほうがなすべきことは、ベジタリアンであろうとなかろうと、食料を食べるとき、彼らに感謝の心を持つことです。

殺生《せっしょう》の罪を感じるかもしれませんが、その分、感謝の心を十分に持ち、自分が、よい人生を生きること、よい仕事をすることによって、お返しをし、彼らの尊い命を、さらに活《い》かしていかなくてはなりません。彼らの命を五倍十倍に活かしていく方向に使うことができれば、彼らも喜んでくれると思います。

私の考え方は、「ベジタリアンが正しいか、正しくないか」というようなことは離《はな》れています。

人間が生きていく過程で、いろいろなものが犠牲になることはありますが、それを尊い犠牲としながら、よりよい社会をつくるために努力することによって、人間は、そうした罪を乗り越《こ》えていくことができると私は考えています。

3　ウツの原因と克服法《こくふくほう》

【質問】

今、ブラジルだけではなく、世界中でウツの人が非常に増えてきていますが、ウツには霊的《れいてき》な原因が何かあるのでしょうか。また、ウツを克服《こくふく》するには、どうすればよいのでしょうか。

ウツの状態が長く続くときには悪霊《あくれい》の憑依《ひょうい》がある

日本人には、ブラジルの人がウツだとは信じられないところがあります。これは、おそらく、ブラジルというと、日本人はリオのカーニバルをすぐに思い浮《う》かべるからでしょう。そのため、「そんなはずはない」と思うのですが、ブラジルも広いので、ウツの人もいるのでしょう。特に都市部においては、全世界の都市部で見られるようなことが、当然、起きているのだろうと思います。

もちろん、ウツの原因には、さまざまなものがあります。

現代社会では、特に都市部において競争が厳しいので、自己実現に失敗して成功できず、がっかりすることが原因であることもあります。

逆に、日本でもそうなのですが、「昇進《しょうしん》ウツ」といって、予想外に出世してウツになる人もいます。まだ十分な能力がないのに偉《えら》くされてしまい、ウツになって会社に行けなくなる人がいるのです。そのような〝ありがたいウツ〟も、あることはあるのです。

ウツの人は、あちこちで見られます。それをごまかすために、最初はアルコールに浸《ひた》ったりするのですが、アメリカや南米のほうでは、麻薬《まやく》にのめり込《こ》む人も多いと聞いています。これは、理性を麻痺《まひ》させて、嫌《いや》なことをあまり考えないようにし、自分の自我を護《まも》りたいからでしょう。

ウツの状態が長く続く場合、少なくとも三カ月以上も続くようであれば、何らかの悪霊《あくれい》の憑依《ひょうい》があると考えて間違《まちが》いないだろうと思います。

心の針（思い）は、時計の針と同じように、三百六十度、どの方向にでも向くようになっていて、天上界《てんじょうかい》にも地獄界《じごくかい》にも向くわけですが、ウツの状態は、ちょうど、それが地獄界のある一点を指して止《と》まっている状態です。

その結果、その方向にある地獄界にいる存在が、その人の心に同通するのです。

そのため、似たような仲間が寄ってきます。迷っている霊が来て、その人に取り憑《つ》くことが可能になるのです。

例えば、ウツで自殺した人は、なかなか天上界には上がれません。通常は、その人の本来の寿命《じゅみょう》が来るころまでは上がれないのです。それまでのあいだは、生きている人間のなかで、自分とよく似た人を探していて、そういう人を見つけたら、その人に取り憑き、生前の自分と同じようなことを、その人にも起こそうとしたりします。そして、地獄の世界に引きずり込もうとするのです。

「自家発電」によって自分を光り輝《かがや》かせる

ウツの対策は宗教そのものの仕事であるとも思うのですが、もちろん、医学でそれをする人もいるでしょう。ただ、医学は、精神を安定させる薬などを使い、あとは他の人から隔離《かくり》したりすることがほとんどなので、根本的な治療《ちりょう》にはなっていないと思います。

では、根本的な治療とは何でしょうか。

「自家発電」という言葉があります。発電所から電気を送電してもらうのではなく、自分自身の家で発電することです。ウツの治療には、この「自家発電」が必要です。要するに、その人が自分自身の心のなかで発電機を回して発電することと、その力を持つことが非常に大事なのです。

したがって、「どうやって発電機を回すか。どうやって自分自身のなかからエネルギーを溢《あふ》れ出させるか。どうやって自分自身を明るい気持ちにするか。どうやって自分自身を光り輝《かがや》かせるようにするか」ということがポイントになるのです。

① 他の人に対する感謝の心を持つ

最初に述べておきたいのは、「ウツの状態にある人は、他の人に対する感謝の心を持っていない」ということです。

ですから、まずは、「自分は、他の人から、いろいろなお世話を受けている。多くの人々の努力の結果、現在までの自分の人生があった」ということに対して、感謝の心を持つことから始めるべきです。

その感謝の心を持つことによって、「自分は、実は恵《めぐ》まれていたのだ」ということを発見することが大事です。これが第一点です。

②「自分は神の子である」という気持ちを強く持つ

第二点は、「自分は神の子である」という気持ちを強く持つことです。

本当は反省を勧《すす》めたいのですが、ウツの状態にある人が、あまりにもすぐに反省に入ると、自分をさらにいじめてしまい、もっと苦しい状態になることがあります。そこで、反省に入るのはもう少しあとでもよいので、それよりも、「自分は神の子である」という気持ちを強く持ったほうがよいのです。

「自分は、本来、神のつくられた子供である。神につくられた光の子供なのだ」という強い自覚を持ち、自分自身に対する重要感を持つことが大事です。

キリスト教の教えも素晴《すば》らしいと思いますし、カトリックの教えもよいものだとは思うのですが、その教えには、「原罪《げんざい》」や「人間は罪の子である」という思想が非常に強く入っているために、キリスト教徒には、それをまともに受け入れすぎて、どうしても明るい面を見切れない人がいます。

しかし、見方を変えれば、世の中は、素晴らしいことに満ちているのです。

ブラジルの高速道路では、初めのうちは道の外に汚《きたな》いゴミがたくさん落ちていましたが、やがて車はゴミが落ちていない所を走り始めました。ゴミのほうを見るか。ゴミではなく、道路の前方を見るか。見る方向によって、違うものが見えてきます。

ですから、「自分が見ているものは何なのか」ということを考え、いつも、暗い方向に目が向いているのであれば、世の中の明るい方向を見ようと努力することが大事です。これは、心の方向性を変えるだけでできるのです。

例えば、「自分は、つまらない、何一つ取り得のない人間だ」と思っている人は大勢います。ウツの人には、そういう人が多いのです。

ところが、自分について、よく考えてみたら、そうではないはずです。

自分自身のよいところについて、「どんなところがありますか」と他の人に訊《き》いてみたら、たちどころに五つも六つも挙げてくれるでしょう。他の人のよいところは分かるのです。しかし、自分の悪いところを責めている人には、それが、なかなか分からないわけです。

自分のよいところを素直に認めることも、自家発電をするためのエネルギーになります。

③ 小さな成功を積み重ねていく

こうして、人生の方向性が明るいほうを向き、軌道《きどう》に乗り始めたら、あとは小さな成功を積み重ねていくことが大事です。

まずは、大きな成功を狙《ねら》わず、小さな成功を積み重ねていき、自信をつけていくことです。小さな成功を積み重ねて自信がついてきたら、そのときに初めて、自分の悪かったところを謙虚《けんきょ》に反省するだけの力が備わってくると思うのです。

このようなステップが大事であると私は考えます。

自分に与《あた》えられているものの多さを考えてみよう

ウツの人はブラジルだけではなく全世界に広がっています。それは、やはり、「与《あた》えられていることに対する感謝を考えなければいけない」ということです。

例えば、「人間として生まれた」ということを、「悪いことだ」と思う人もいるかもしれません。しかし、動物に比べたら人間は本当に幸せです。いろいろなことを自由に行えるからです。本当にありがたいことだと思います。

ほとんどの動物は言葉を話すことができません。また、働いても給料さえもらえません。警察犬は働いているでしょうが、給料はもらっていないはずです。人間は、働けば、たとえ安くても給料をもらえ、それによって経済的自由が得られます。

「人間である」ということは、実にありがたい、尊いことなのです。

このように、少し視線を変え、自分に与えられているものの多さを考えてみることが大事です。

安易に麻薬やアルコールにのめり込んだりしてはなりません。

また、他の人との比較《ひかく》にあまり執《とら》われないことも必要です。世の中には大勢の人がいるので、上を見ても下を見ても、きりがありません。

自分に関心があることのなかで、自分より優《すぐ》れた人を見たとき、「自分は駄目《だめ》なのだ」と考える傾向性《けいこうせい》があったら、それは改めたほうがよいでしょう。

そのように考えるのではなく、自分が関心のある領域で、自分より成功している人がいたら、その人の素晴らしいところを祝福し、「あの人のようになりたい。あの人は私にとって理想的な人だ」と考えて、その人をほめる気持ちを持つようにするのです。そうすれば、自分も、その人に近づいていくことができます。

成功している人を祝福する気持ちを持つことも、ウツに対する非常に大切な薬になるはずだと私は思います。「他の人は恵まれているのに、自分は不幸だ」という考え方をすると、そのウツが治らないので、成功した人に対しては、勇気を持ってほめてあげる気持ちが大事なのです。

4　運命は変えられないのか

【質問】

「不幸な人生を送ることが運命で定まっている人は、それを変えることができない」という考え方は正しいのでしょうか。

また、「主エル・カンターレ」とは、どのようなご存在なのでしょうか。

運命の半分以上は今世《こんぜ》の努力で支配できる

キリスト教では、魂《たましい》が肉体に宿る前のことをほとんど教えていないので、それに関する知識を持っていない人、あるいは信じていない人が多いと思うのですが、人間は、この世に実際に生まれてくる前に、霊界《れいかい》で、だいたいの人生計画を立てます。そういう意味での運命はあるのです。

そのアバウトな人生計画においては、自分の親を選びます。それから、ブラジルならブラジルというように、生まれる土地を選びますし、ある程度は、「こういう職業に就《つ》こう」ということを選びます。また、自分と非常に親しい人たちとの人間関係を、だいたい決めてきます。

それから、たいていの場合、自分自身に何か一つは突出《とっしゅつ》した才能があるので、ある程度、「このような人生を送るであろう」という予想がつくのです。その意味での運命はあります。

しかし、これは完全な決定論というわけではありません。もし、運命が完全に決まっていて、絶対に変えることができないものであるならば、神は非常に意地悪な存在だと私は思うのです。なぜなら、努力しようが、しまいが、結果は同じだからです。これでは、やはり、「意地悪だ」としか言いようがありません。

「この世に生まれて努力しても、それには何の効果もない。努力しても、しなくても、同じだ」ということであれば、人間は堕落《だらく》するしかないのではないでしょうか。必ず、そういう方向に行くでしょう。いくら努力しても、結局、最後は同じなのであれば、努力の意味がなく、よいことをする意味もありません。

したがって、大枠《おおわく》において、自分の人生の傾向性《けいこうせい》というものはあるものの、「そのなかで、自分の人生を、どのようにつくり上げていくか」ということについては、だいたい半分ぐらいを自分自身で決められると考えてよいでしょう。

残りの半分の半分、すなわち、全体の四分の一ぐらいには、持って生まれた性格や性質、生まれる前の計画等が影響《えいきょう》します。

そして、残りの四分の一には、悪霊の憑依《ひょうい》など、この世で出会う霊的存在との接触《せっしょく》が影響するのです。それは悪霊だけとは限りません。もちろん、よい霊もいるわけであり、天使、あるいは天使に近い存在との出会いもあります。そうした霊的な存在との出会いによって、四分の一ぐらいの影響は出ると考えてよいでしょう。

したがって、大まかに述べると、「半分は自分で決められる。残りの半分のうちの半分は、生まれてくる前に決まった大枠がある。最後の四分の一は、霊的な存在との出会いによって決まる」ということです。

「半分は自分の力である」と述べましたが、宗教修行をすることによって、高級霊の指導を受けるようになると、うまくいけば、七十五パーセントぐらいは、自分の思う方向に人生を支配することが可能だと思います。

エル・カンターレとは、「地球の光」という意味である

次に、「エル・カンターレとは、どういう存在か」ということですが、話が長くなるので、私の著書を読んでいただいたほうが早いとは思います。

エル・カンターレとは、「地球の光」という意味です。この地球全体を光り輝《かがや》かせることを目的とする霊存在がエル・カンターレです。それがエル・カンターレの位置づけです。

「この地球上に生きる、生きとし生けるもののすべてを幸福にする」ということを目的にしている霊存在がエル・カンターレなのです。

私自身は、そのエル・カンターレの魂の中心部分に近い一部が肉体に宿った存

在です。この地上に生まれている私がエル・カンターレのすべてではありません。私には天上界《てんじょうかい》に残された魂の部分もあります。両方を合わせて、エル・カンターレとしての存在になっています。なぜなら、霊体《れいたい》としての使命が大きすぎるので、地上の人間として、すべての機能を有することができないからです。

人間としては、やれることに限界がありますが、霊的存在としての力は、もっともっと大きなものを持っています。

今、みなさんが知っている、世界の大きな宗教のほとんどに関係している存在だと考えていただいて結構です。

これから先については、勉強をしていただく以外にありません。

5　二つの使命を感じている青年

【質問】

現在、私は二十八歳《さい》です。真理の書籍《しょせき》を読み、「人生の終わりには、道は一つしか残らない。」と最後には、自分が最も望む一つの使命しか残らない」と解釈《かいしゃく》しているのですが、私の場合には使命が二つあるように感じるのです。

二つの使命を持つことも可能でしょうか。

若い時代には幾《いく》つかのことを追求し、四十代までに道を固める

二十八歳《さい》であれば、追い求めているものが二つ以上あっても、おかしくはありません。若いころは、まだ、いろいろなものを追い求める時代なのです。

だいたい四十代ぐらいで一つに絞《しぼ》らなければいけません。「五十歳になる前ぐらいには、自分の進むべき道が一本になっていなければならないのではないか」と思います。

二十代のころは、二つではなく、もっと多くても構わないので、いろいろな可能性を試《ため》してください。若い人には、いろいろな可能性を試す権利があるのです。

しかし、しだいに、自分の本来の使命というか、一つの才能が強く出てくるはずです。そして、道が一本になっていくわけです。

最終的には、四十代までに自分の道が固まれば、だいたい、それでよいのでは

ないかと思います。

もちろん、今は、かなり平均寿命《じゅみょう》が延びたので、七十歳や八十歳で、第二、第三の人生を歩む人もいます。そのように、今は例外が数多く出てきている時代ではあるので、「一つのことしか、してはいけない」という限定は、基本的にはありません。幾《いく》つかのことに手を出しても結構です。そういう人もいるでしょう。

ただ、「人間の能力は数多くあるように見えても、最終的には、一つのことしか一流のレベルまでは行かない」ということだけは知っておいてください。

二つ、三つ、四つと手を出すことはできますが、一流のレベルまで行けるのは一つだけであり、あとのものは、二流、三流、四流のレベルになることが多いのです。

私は、本を数多く書いているので、本に関することであれば、いろいろなことができます。例えば、小説家になろうとすれば、その才能はあるでしょう。ただ、一流になるのは難しいと思います。

なぜかというと、宗教家は、「人生、かくあるべし」という考え方をしているのですが、今、流行《はや》っている小説を見ると、地獄《じごく》文学が非常に多いからです。今の小説においては、地獄的なものが描《えが》かれていないと面白《おもしろ》くないのでしょう。

しかし、私には、そういう面白い地獄文学は書けないので、残念ながら、本は書けても小説家としては一流にはなれないだろうと思っています。やはり、「宗教に的を絞ったほうが世の中のためになるだろう」と考えているのです。

一般論《いっぱんろん》としては、「最終的には、一つの才能のところに生き筋を見つけるべきだ」と思いますが、若いうちは、まだまだ権利があります。試行錯誤《しこうさくご》をしながら、いろいろなものにチャレンジしていき、「自分とは何なのか」ということを探究して、自分自身を知る権利があると思うのです。

そうすることによって、隠《かく》された才能が出てくることもあるでしょう。

現時点で二つに絞れているなら、あなたは、年齢《ねんれい》に比べ、そうとう悟《さと》った人かもしれません。私は、二十代のころには、もっともっと、いろいろなものを求めていたので、あなたは、純粋《じゅんすい》で、とてもよいと思います。

もう少し年を取り、五十歳ぐらいになるまでには、最終的な道をきちんと固めたほうが成功しやすいでしょう。そのことを述べておきます。

長い人生においては、「第二、第三の道」が開けることもある

ただ、前述したように、現在は平均寿命が延び、八十歳ぐらいまで生きている人も多いので、第二、第三の道が開けることはあります。

私は、この年齢になって海外伝道をし始めました。そして、ここ三年ぐらいのあいだに、何とか英語で説法《せっぽう》ができるようになったのです。自分では「無理だ」と思っていたのですが、英語でも、日本語と同じぐらい一時間半ほど話せるよう

になりました。

英語が話せるのだから、ほかの言語も当然できるようになるかと思ったのですが、忙《いそが》しかったこともあり、残念ながら、できていません。

ポルトガル語に関しては、ブラジルに来る前に、「ブラジルでは同時通訳者がとても優秀《ゆうしゅう》なので、先生はポルトガル語の勉強をする必要はありません」と事前に言われたため、少し手を抜《ぬ》いてしまいました。来る直前に本を三冊ほど買い込《こ》み、ＣＤも買って、一週間ほど耳慣らしと勉強をしてきたのです。

ポルトガル語の文法の参考書のなかで最もやさしいものを、五回、勉強しましたが、「こんばんは」と「ありがとうございました」ぐらいしか、正確には言えません。

「この一週間で、ポルトガル語の文法の参考書を五回も勉強する」という努力だけはしましたが、その結果、「まだ、ポルトガル語で自由に説法することはできない」ということが判明したのです。

日本には幸福の科学学園中学校・高校というものがあり、先般、私は高校生向けに英会話入門の講義をしました。

日本に帰国したら、今度は中学生向けに英会話入門の講義をしなくてはいけないのですが、今回、ブラジルにて、ポルトガル語を話すことの難しさを自分で感じたので、生徒に対して、非常にやさしい講義ができるのではないかと思っています。慈悲《じひ》の心がいっそう深まりました。

今回、私は、「外国語を勉強するのは難しい」ということを、つくづく感じたので、中学生に対し、やさしく接したいと思います。彼らに繰《く》り返して教えるだけの根気を持たねばならないことを深く感じたので、勉強にはなりました。

少し脱線《だっせん》しましたが、二十代であれば、まだ、自分の道筋をあまりはっきり決めなくてもよいのですが、五十歳ぐらいまでに道を固めていったほうがよいと思います。そのあいだ、いろいろなものに手を出したとしても、やがては、多くのものをあきらめる時代が来るでしょう。

6　死刑《しけい》制度をどう考えるか

【質問】

私は、先生の教えにある「許す愛」の勉強をしたあと、死刑《しけい》賛成論から死刑反対論に変わったのですが、最近、先生の御著書《ごちょしょ》には、「最大多数の最大幸福」というお考えが、しばしば見受けられます。

また、ブラジルにおいては、犯罪が多いだけでなく、「殺人犯の半数近くが出所後に再び犯罪を犯している」という統計があります。

そして、「人間の生命は永遠である」とも教えていただいております。

この三点からすると、「凶悪犯《きょうあくはん》には、いったん、この世からお引き取りを願い、再び出直してもらってもよいのではないか」という考えもありうるのではないでしょうか。そうすれば、ほかの人の人生計画を中断させることが減り、多数の人の幸福につながると思います。

ただ、この考え方には、安易に使われると非常に危険な面があります。

そこで、死刑制度に関して、先生のお考えをお聴《き》きしたいと思います。

犯罪と刑罰《けいばつ》とのバランスを取る必要がある

これは、日本ではまだ出ていない質問ですし、全世界で参考になるのではないかと思います。

死刑《しけい》制度に関しては、反対論を説く宗教が比較的《ひかくてき》多いのではないでしょうか。宗教家の立場からは、そのように言いたくなるのが普通《ふつう》かもしれません。

ただ、霊的《れいてき》な視野も含《ふく》めて総合的に判断すると、やはり、程度の問題があるのです。

どうしても避《さ》けることができないような事情のなかで犯罪を犯してしまったときなど、同情の余地がある状況《じょうきょう》で犯罪を重ねたような人に、死刑を適用するのは度が過ぎているので、その場合には、死刑を避けるべきかと思います。

また、イスラム教国では、「イスラム法に反する」ということで、簡単に死刑にしてしまうようなところがありますが、「行《おこな》ったこと」と「受ける刑《けい》」とのバランスが、あまりにも取れていない場合には、度が過ぎた死刑制度だと言えます。

犯罪抑止《よくし》のために、現状では死刑《しけい》を廃止《はいし》すべきではない

あなたが言われたとおり、中南米等では犯罪者の再犯率が非常に高いようです。例えば、当会では、ペルーにおいて、刑務所内《けいむしょ》の囚人《しゅうじん》への伝道をかなりしています。私が、その理由を訊《き》いたところ、「刑務所を出た人の再犯率が非常に高いので、刑務所にいるあいだに真理を教えなくてはいけないのです」という答えでした。

確かに、真理を知らないために罪を犯す人もかなりいると思います。そういう人たちは、「自分は、悪い環境《かんきょう》に育ったために、こういう不幸な目に遭《あ》っている。世間が悪い」と思っているでしょう。真理を教えることによって、そういう人を

悟《さと》らせることはできるだろうと思うのです。

ただ、全般的《ぜんぱんてき》に述べると、「凶悪《きょうあく》な犯罪に対して死刑を適用しなくてよいのか」という問題があります。

例えば、銃《じゅう》の乱射事件で小学生が十人も二十人も下校途中《とちゅう》に殺された場合には、親としては、そう簡単に犯人を許したくはないでしょう。また、「どのような事情の下《もと》に人を殺しても、死刑制度が適用されない」ということになっていると、犯罪を抑止《よくし》することができなくなってくるわけです。

もちろん、人を殺した場合であっても、「家に強盗《ごうとう》が入り、相手を殺さなければ自分が殺されてしまう」という状況下で自分を護《まも》ったときのように、正当防衛のケースは別です。

しかし、「銀行強盗が、お金を奪《うば》うだけでなく、多くの人を殺す」ということなど、凶暴性があり、明らかに悪意を持って不特定多数の人を殺すような事件が流行《はや》っているのであれば、私としては、「死刑制度を安易に廃止《はいし》すると、犯罪は少なくならないのではないか」という気がします。

本当は、彼らに真理をきちんと教え、「それは悪の行為《こうい》である。そういうことをすると、地獄《じごく》で何百年も苦しむことになるのだ」ということを教えたいのですが、真理が浸透《しんとう》するまでのあいだ、この世において地獄の領域を広げることは、望ましくないと言えます。また、「善良に生きている人たちが、その生活を奪われる」ということも、望ましくありません。

サンパウロで気になるのは、あちこちの建物が鉄の柵《さく》で囲われていることです。これは東京では見受けられない風景です。「なぜ、これほど鉄柵がついているのか」と思うのですが、やはり、泥棒《どろぼう》や強盗など、勝手に入ってくる人が多いのでしょう。銀行の多くも、そういう鉄の柵で囲われているような状況です。世界標準から見ても、犯罪率が高く、治安が悪い状況にあるのではないかと思います。

警察等がもっとしっかりしていれば、犯罪の抑止ができるのでしょうが、自分自身が痛い思いをしないと分からない、自分のことしか考えられない人間が大勢いるかぎり、犯罪はなくならないので、そのレベルに合わせて、ものを考えてもよいと思うのです。

日本には、千年ほど前に、「平安時代」という時代があったのですが、「平安時代の約四百年間において、死刑は、まったくと言ってよいほど行われなかった」とも言われています。そのような時代もあったわけです。

その国の文化や生活レベル、道徳の問題とも連動してくるとは思いますが、現時点では、「犯罪が多発している国においては、まだ死刑制度を簡単に廃止すべきではない。善良な市民を護るために、死刑制度は残しておいたほうがよい」と私は思います。

もちろん、裁判の過程で情状酌量《じょうじょうしゃくりょう》をしても構わないでしょうが、「何人殺しても絶対に死刑にならない」と思うと、本当に人を殺す者も出てくることは事実なので、その状態では、一般の人たちを護るためにも、まだ死刑を完全にはなくせないのではないかと思っています。

死刑《しけい》によって、霊的《れいてき》には来世《らいせ》での罪が軽くなる

もう一つ、死刑《しけい》を霊的《れいてき》な視点で捉《とら》えることも必要です。

この世で犯罪行為によって人殺しをした場合には、死後、地獄界に行くことになると思いますが、死刑になることによって、いわば借金の一部が払《はら》われた状態になることもあります。「犯罪者であっても、この世で罪の代償《だいしょう》を支払うことによって、来世《らいせ》での罪が多少なりとも軽くなる」という現実があるのです。

昔、戦争の時代に、多くの人を殺した英雄《えいゆう》であっても、最後には自分自身が殺されている場合がよくあります。そういう人たちの霊は、「最後に殺されること

によって、やはり罪が軽くなるのだ」と言っています。因果応報《いんがおうほう》というか、同じ目に自分が遭うことによって、そのカルマが軽くなる面もあるのです。

ただ、こういうことは、軍隊で正義の名の下《もと》に戦った兵士たちには適用されません。仏法真理《ぶっぽうしんり》の観点から見ると、責任を取るのは国王や大統領などの政治家です。それは指導者の責任なのです。

また、人を殺しても、法律に基《もと》づいて適正に行った行為については、基本的に責任はないことになっています。例えば、警察官が、その職務において犯罪者と撃《う》ち合って人を死なせることがあっても、それが理由で、その警察官が地獄に堕《お》ちることはありません。このへんは、ご理解いただきたいと思います。

真理が浸透《しんとう》していくと、犯罪の予防効果が強くなる

総合的に述べると、「凶悪犯罪が少なくなっていない国においては、まだ死刑

制度を残しておいたほうが、犯罪予防のためによいのではないか」という気持ちを私は持っています。

ただ、将来的には、真理が浸透《しんとう》していくことによって、それが犯罪の抑止力となり、事前の予防効果が強くなることや、刑務所内でも真理が浸透することによって、再犯率が下がっていくことを望んでいます。

あちこちの建物が鉄の柵で囲われているというのは、望ましい状態ではなく、ユートピアには、ほど遠い状態であることは間違《まちが》いないので、何回かブラジルに来るうちに、鉄柵の数がしだいに減っていく国になることを私は祈《いの》っています。

そういう平和で安全な国になっていくほうが望ましいのです。なるべく、そういう平和な状態になりたいものです。

要するに、自分が人からされたくないことを人に対してしないことです。逆に言えば、自分が人からしてほしいことを人に対してすることです。それが宗教におけるゴールデンルール（黄金律）です。

すなわち、「自分が人に殺されたくないのなら、人を殺すなかれ」「自分が人に盗《ぬす》まれたくなかったら、人のものを盗むなかれ」ということです。これがゴールデンルールであり、基本なのです。そうした基本的なことが、日常生活のなかで、当たり前の道徳として実践《じっせん》されるようにしなければいけません。

その前の段階として、治安が悪いのならば、行政には、きっちりと善良な市民を護る義務があります。私も、それについては容認しています。

日本のように犯罪がかなり少ない国であっても、たまには、異常性格者が罪もない人たちを大量に殺すことがあるので、「予防のための防波堤《ぼうはてい》として、まだ宗全には死刑制度をなくせないのではないか」と私は感じています。

もちろん、そういう人を言葉で説得できれば、それが最もよいことですが、ブラジルでも、「八割がカトリックであるにもかかわらず、犯罪が多い」という、この矛盾《むじゅん》を解決できないままでいます。

それは、「宗教を信じている人は多いが、その宗教には実質上の力がない。霊《れい》界《かい》に関する知識として、あの世に天国と地獄とがあると聞いてはいても、それを実体験的に感じている人はまだ少ない」ということでもあるのでしょう。

最終的に、私は、この地上に平和な天国的社会をつくりたいのですが、現実的には、やはり、犯罪を少なくしていく努力をしなくてはいけないのです。

そのためには、犯罪者の温床《おんしょう》である貧困層を減らしていかなくてはなりません。これには政治・経済的な面での努力が必要でしょうし、それと同時に、宗教的には、やはり、「真理を広げていく」という精神運動を行わなくてはなりません。この両面からやらなければ、問題は解決しないと思います。

結論的には、「現状を見るかぎり、現時点においては、ブラジルでは、まだ死刑の廃止はできない」と考えています。

7　政治家の役割とは何か

【質問】

私は政治家（ジュンジャイ市の前市長）ですが、人々に幸福を与《あた》えるために、どのような貢献《こうけん》ができるでしょうか。

未来のビジョンをどう描《えが》き、何をつくり上げていくか

政治家というのは、とても創造的な仕事であり、すでにある手本をまねればできるような仕事ではありません。

政治家においては、「この世に現《げん》にある材料を使って、いかなる可能性の芸術をつくり上げるか。目の前にあり、自分の手に入る材料のなかから、どれだけ素《す》晴《ば》らしい芸術作品をつくり上げるか」ということが大事です。

言葉を換《か》えると、心に強く描《えが》いた未来のビジョン、つまり、「未来は、こうなるべきだ」という姿を現実化していく仕事を、まさしく実行できる立場にあるのが政治家なのです。

あなたは、現在、国会議員になっておられると思いますが、国会議員という仕事は、まさしく、「この国のかたちや姿を、将来、どのようにすべきか」という

ことを思い描き、その夢を現実化していく役割が与《あた》えられている、非常に貴重な仕事だと思います。

ただ、それは、難しい仕事でもあります。成績は、すべて、結果でしか判定されないのです。「あなたの考えていることが、正しいか、正しくないか。よい結果を生むかどうか」ということは、事前には誰《だれ》にも分かりません。仕事が終わったあと、その結果を見て人々が判断することになるのです。

要するに、一番目に大切なことは、「未来のビジョンを、どのように描くか」ということです。

そして、二番目に大切なことは、「現に与えられている材料、すなわち、予算、さまざまなレベルの国民、この国の産業や資源など、政治家として使える、いろいろな材料のすべてを使って、いったい何をつくり上げていくか」ということです。

「政治家は、神に近いところにある職業」という意識を忘れるな

政治家は、こういう貴重な仕事をしているので、どうか、「政治家は、神に非常に近いところにある職業である」という意識を忘れないでください。

現在、日本には、唯物論《ゆいぶつろん》や無神論に侵《おか》されている国民が数多くなっているのですが、良質の政治家は、最後には、ほかに頼《たよ》るべきものがなく、神や仏に祈《いの》るような気持ちで仕事をしています。立場が高くなればなるほど、そうなっています。

政治家は、神や仏に代わって仕事をしなくてはいけない立場にあるのです。

したがって、政治家は、「瞑想《めいそう》をし、沈黙《ちんもく》のなかにあって、天上界《てんじょうかい》の神や高級《こうきゅう》霊《れい》の声を聴《き》き、彼らが見せてくれるビジョンを見る」という修行をしていただきたいのです。宗教的な活動も、決して職業でのマイナスにならないと思います。

政治家として最も上に立つ人は、神の側《そば》近くにある人でなければいけないのです。

それは、言葉を換えて言うとするならば、「徳のある人でなければいけない」ということです。「徳がある人」とは、「一人でも多くの人を愛せる人間。そういう器《うつわ》を持った人間」ということです。

ですから、宗教修行を、「政治家としての実践《じっせん》を支える修行の一つ」として捉《とら》えていただきたいと思います。

宗教を信じている政治家は日本にも数多くいますが、その大部分は、「宗教には信者が多いので、宗教を信ずれば票が集まる」という程度にしか宗教を考えていないのです。

しかしながら、一握《ひとにぎ》りの政治家たちは、「神や仏に近い心を持たなければ、国を治めることはできない」と考えています。そういう良心的な政治家もいます。

あなたは、ぜひとも、そういう政治家になり、この国の未来を拓《ひら》くための大いなる力になっていただきたいと思います。

あとがき

「一期一会《いちごいちえ》」という言葉を、このブラジル巡錫《じゅんしゃく》ほど深く考えたことはない。二〇一〇年は、二百二十九回の説法をし、前年の十一月から一年間に五十二冊の書籍を書店刊行したことで、『ギネスブック』にも最多記録公式認定された年でもあるが、まさに自分にとっては戦いの年でもあった。

その気迫が本書からも立ち昇ってくるであろう。言葉の重みということ、「救世主宣言」「ワールド・ティーチャーとしての自覚」が、私を強くし、まわりの人たちをも奮《ふる》いたたせた。全世界伝道宣言の書でもあると思う。

二〇一一年　一月末

幸福《こうふく》の科学《かがく》グループ創始者兼総裁《そうししゃけんそうさい》　大川隆法《おおかわりゅうほう》

本書は左記の法話や質疑応答をとりまとめ、加筆したものです。

第1章　神秘の力について　二〇一〇年十一月七日説法
サンパウロ市・ブラジル正心館

第2章　常勝思考の力　二〇一〇年十一月九日説法
ソロカバ市・ソロカバ支部

第3章　幸福への道　二〇一〇年十一月十日説法
ジュンジャイ市・ジュンジャイ支部精舎

第4章　真実への目覚め　二〇一〇年十一月十二日説法
サンパウロ市・ブラジル正心館

第5章　愛と天使の働き　二〇一〇年十一月十四日説法
サンパウロ市・クレジカードホール

第6章　ブラジル人信者との対話

1　アンチキリストについて
二〇一〇年十一月九日説法
ソロカバ市・ソロカバ支部

2　肉食は是か非か
（同右）

3　ウツの原因と克服法
二〇一〇年十一月十日説法
ジュンジャイ市・ジュンジャイ支部精舎

4　運命は変えられないのか
（同右）

5　二つの使命を感じている青年
二〇一〇年十一月十二日説法
サンパウロ市・ブラジル正心館

6　死刑制度をどう考えるか
（同右）

7　政治家の役割とは何か
二〇一〇年十一月十日説法
ジュンジャイ市・ジュンジャイ支部精舎

『真実への目覚め』大川隆法著作参考文献

『太陽の法』（幸福の科学出版刊）
『黄金の法』（同右）
『永遠の法』（同右）
『常勝思考』（同右）

真実《しんじつ》への目覚《めざ》め　――幸福の科学入門《ハッピー・サイエンス》――

2011年3月7日　初版第1刷

著　者　大《おお》川《かわ》隆《りゅう》法《ほう》

発行所　幸福の科学出版株式会社

〒142-0041 東京都品川区戸越1丁目6番7号
TEL(03)6384-3777
http://www.irhpress.co.jp/

印刷・製本　株式会社 堀内印刷所

落丁・乱丁本はおとりかえいたします

ISBN978-4-86395-099-3 C0014
Photo: ©ollirg-Fotolia.com

大川隆法 最新刊・法シリーズ

教育の法

法シリーズ
最新刊

信仰と実学の間で

深刻ないじめの問題の実態と解決法や、尊敬される教師の条件、親が信頼できる学校のあり方など、教育を再生させる方法が示される。日本の教育に疑問を持つ、すべての人々に捧げる一冊。

第1章　教育再生
第2章　いじめ問題解決のために
第3章　宗教的教育の目指すもの
第4章　教育の理想について
第5章　信仰と教育について

1,800円

救世の法

法シリーズ
16作目

信仰と未来社会

信仰を持つことの功徳や、民族・宗教対立を終わらせる考え方など、人類への希望が示される。地球神の説くほんとうの「救い」とは――。あなたと世界の未来がここにある。

第1章　宗教のすすめ
第2章　導きの光について
第3章　豊かな心を形成する
第4章　宗教国家の条件
第5章　信仰と未来社会
第6章　フォーキャスト（Forecast）

1,800円

※表示価格は本体価格（税別）です。

大川隆法ベストセラーズ・人生の目的と使命を知る

太陽の法

エル・カンターレへの道

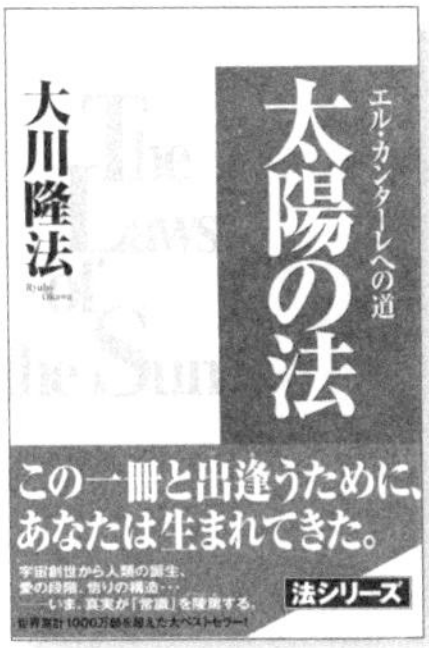

創世記や愛の段階、悟りの構造、文明の流転を明快に説き、主エル・カンターレの真実の使命を示した、仏法真理の基本書。

2,000円

黄金の法

エル・カンターレの歴史観

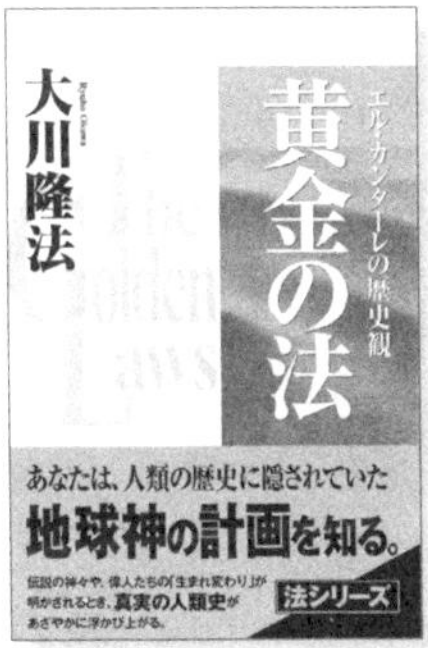

歴史上の偉人たちの活躍を鳥瞰しつつ、隠されていた人類の秘史を公開し、人類の未来をも予言した、空前絶後の人類史。

2,000円

永遠の法

エル・カンターレの世界観

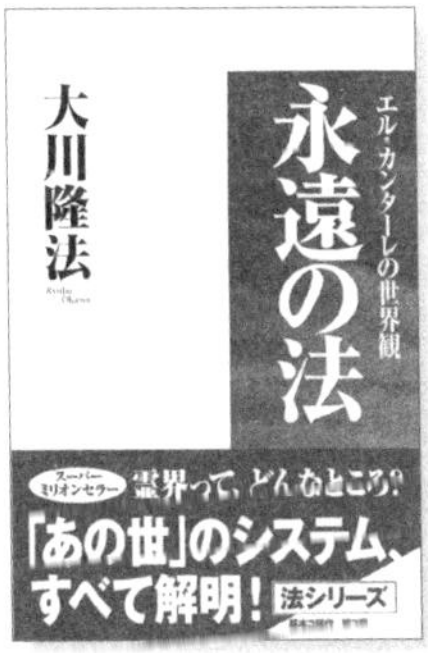

『太陽の法』（法体系）、『黄金の法』（時間論）に続いて、本書は、空間論を開示し、次元構造など、霊界の真の姿を明確に解き明かす。

2,000円

大川隆法 最新刊・**心も体も健康になる**

奇跡のガン克服法

未知なる治癒力のめざめ

なぜ、病気治しの奇跡が起こるのか。その秘密を惜しみなく大公開！質問者の病気が治った奇跡のリーディング（霊査）内容も収録（第４章）。

著者法話CD付

第１章　**奇跡の健康法**
第２章　**奇跡のヒーリングパワー**
第３章　**ガン消滅への道**
第４章　**病気リーディング（Q＆A）**

1,800円

心と体のほんとうの関係。

スピリチュアル健康生活

心臓病、胃潰瘍、パニック障害、リウマチ、過食症、拒食症、性同一性障害、エイズ、白血病などについて、霊的な目から見た真実が明かされる。

1,500円

超・絶対健康法

奇跡のヒーリングパワー

「長寿と健康」の秘訣、「心の力」と病気の関係、免疫力を強くする信仰心など、病気が治る神秘のメカニズムが明かされた待望の書。

1,500円

※表示価格は本体価格（税別）です。

大川隆法最新刊・霊言シリーズ

女性リーダー入門

卑弥呼・光明皇后が贈る、現代女性たちへのアドバイス

自己実現の先にある理想の生き方について、日本の歴史のなかでも名高い女性リーダーからのアドバイス。

第1章　女性リーダーのあるべき姿　〈卑弥呼〉
女性の特質を生かしたリーダー像とは
リーダーの条件は「未来が見えること」　ほか

第2章　男女のパートナーシップについて　〈光明皇后〉
大仏建立は為政者の強い信仰心を示したもの
現代夫婦のパートナーシップに関する知恵　ほか

1,200円

最大幸福社会の実現

天照大神の緊急神示

三千年の長きにわたり、日本を護り続けた天照大神が、国家存亡の危機を招く菅政権に退陣を迫る！日本国民必読の書。

「最小不幸社会」を唱える菅政権について思うこと
宗教と政治のあるべき姿
消費税の増税をどう考えるか
徳高き指導者の要件
国難の際の天皇のあり方　ほか

1,000円

幸福の科学出版

幸福の科学グループのご案内

宗教、教育、政治、出版などの活動を通じて、地球的ユートピアの実現を目指しています。

宗教法人　幸福の科学

一九八六年に立宗。一九九一年に宗教法人格を取得。信仰の対象は、地球系霊団の最高大霊、主エル・カンターレ。世界約八十カ国に信者を持ち、全人類救済という尊い使命のもと、信者は、「愛」と「悟り」と「ユートピア建設」の教えの実践、伝道に励んでいます。

（二〇一一年一月現在）

愛

幸福の科学の「愛」とは、与える愛です。これは、仏教の慈悲や布施の精神と同じことです。信者は、仏法真理をお伝えすることを通して、多くの方に幸福な人生を送っていただくための活動に励んでいます。

悟り

「悟り」とは、自らが仏の子であることを知るということです。教学《きょうがく》や精神統一によって心を磨き、智慧《ちえ》を得て悩みを解決すると共に、天使・菩薩の境地を目指し、より多くの人を救える力を身につけていきます。

ユートピア建設

私たち人間は、地上に理想世界を建設するという尊い使命を持って生まれてきています。社会の悪を押しとどめ、善を推し進めるために、信者はさまざまな活動に積極的に参加しています。

海外支援・災害支援

国内外の世界で貧困や災害、心の病で苦しんでいる人々に対しては、現地メンバーや支援団体と連携して、物心両面に渡り、あらゆる手段で手を差し伸べています。

ヘレンの会

ヘレン・ケラーを理想として活動する、ハンディキャップを持つ方とボランティアの会です。視聴覚障害者、肢体不自由な方々に仏法真理を学んでいただくための、さまざまなサポートをしています。

ホームページ
http://www.helen-hs.net/

自殺者を減らそうキャンペーン

年間３万人を超える自殺者を減らすため、全国各地で街頭キャンペーンを展開しています。

ホームページ
http://www.withyou-hs.net/

INFORMATION

お近くの精舎・支部・拠点など、お問い合わせは、こちらまで！
幸福の科学サービスセンター
TEL. **03-5793-1727**（受付時間 火〜金：10〜20時／土・日：10〜18時）
ホームページ **http://www.happy-science.jp/**

教育

学校法人 幸福の科学学園

幸福の科学学園中学校・高等学校は、幸福の科学の教育理念のもとにつくられた学校です。人間にとって最も大切な宗教教育の導入を通じて精神性を高めながら、ユートピア建設に貢献する人材輩出を目指しています。

幸福の科学学園
中学校・高等学校（男女共学・全寮制）
2010年4月開校・栃木県那須郡

TEL **0287-75-7777**
ホームページ
http://www.happy-science.ac.jp/

関西校（2013年4月開校予定・滋賀県）
幸福の科学大学（2016年開学予定）

仏法真理塾「サクセスNo.1」

小・中・高校生が、信仰教育を基礎にしながら、「勉強も『心の修行』」と考えて学んでいます。

TEL **03-5750-0747**（東京本校）

不登校児支援スクール「ネバー・マインド」

心の面からのアプローチを重視して、不登校の子供たちを支援しています。

NPO 活動支援

学校からのいじめ追放を目指し、さまざまな社会提言をしています。また、各地でのシンポジウムや学校への啓発ポスター掲示等に取り組むNPO「いじめから子供を守ろう！ネットワーク」を支援しています。

ホームページ **http://mamoro.org/**
ブログ **http://mamoro.blog86.fc2.com/**
相談窓口 **TEL.03-5719-2170**

政治

幸福実現党

内憂外患《ないゆうがいかん》の国難に立ち向かうべく、二〇〇九年五月に幸福実現党を立党しました。創立者である大川隆法党名誉総裁の精神的指導のもと、宗教だけでは解決できない問題に取り組み、幸福を具体化するための力になっています。

党員の機関紙
「幸福実現News」

TEL 03-3535-3777
ホームページ
http://www.hr-party.jp/

出版メディア事業

幸福の科学出版

大川隆法総裁の仏法真理の書を中心に、ビジネス、自己啓発、小説など、さまざまなジャンルの書籍・雑誌を出版しています。他にも、映画事業、文学・学術発展のための振興事業、テレビ・ラジオ番組の提供など、幸福の科学文化を広げる事業を行っています。

TEL 03-6384-3777
ホームページ
http://www.irhpress.co.jp/

入 会 の ご 案 内

あなたも、幸福の科学に集い、
ほんとうの幸福を
見つけてみませんか？

幸福の科学では、大川隆法総裁が説く仏法真理をもとに、
「どうすれば幸福になれるのか、また、
他の人を幸福にできるのか」を学び、実践しています。

入会

大川隆法総裁の教えを学ぼうとする方なら、どなたでも入会できます。入会された方には、『入会版「正心法語」』が授与されます。（入会の奉納は1,000円目安です）

三帰《さんき》誓願《せいがん》

仏弟子としてさらに信仰を深めたい方は、仏・法・僧の三宝への帰依を誓う「三帰誓願式」を受けることができます。三帰誓願者には、『仏説・正心法語』『祈願文①』『祈願文②』『エル・カンターレへの祈り』が授与されます。

植福《しょくふく》の会

植福は、ユートピア建設のために、自分の富を差し出す尊い布施の行為です。布施の機会として、毎月1口1,000円からお申込みいただける、「植福の会」がございます。

「植福の会」に参加された方のうちご希望の方には、幸福の科学の小冊子（毎月1回）をお送りいたします。
詳しくは、下記の電話番号までお問合せいただくか、公式ホームページをご確認ください。

月刊
「幸福の科学」

ザ・伝道

ヤング・ブッダ

ヘルメス・
エンゼルズ

幸福の科学
サービスセンター

TEL. 03-5793-1727（受付時間 火～金：10～20時／土・日：10～18時）
メール service@kofuku-no-kagaku.or.jp
ホームページ http://www.happy-science.jp/